Moment mal!

Lehrwerk für Deutsch als Fremdsprache
Workbook 1

by
Christiane Lemcke
Martin Müller
Paul Rusch
Theo Scherling
Reiner Schmidt
Lukas Wertenschlag
Heinz Wilms

in cooperation with
Cornelia Gick

English language edition by
Joseph Castine

D1405054

Langenscheidt

Berlin · Munich · Vienna · Zurich · New York

Visual concept, layout and illustrations: Theo Scherling
Cover: Theo Scherling and Andrea Pfeifer, using photographs by Birgit Koch/IFA-Bilderteam
(large photo) and Cornelia Gick (small photo)
Review-parts: Cornelia Gick
Editors: Gernot Häublein, Sabine Wenkums, Hans-Heinrich Rohrer

Authors and publisher gratefully acknowledge the critical assistance by all colleagues who
tested **Moment mal!** in the classroom.

Moment mal!
Lehrwerk für Deutsch als Fremdsprache

Volume 1: Components

Textbook 1	3-468-96940-6
Workbook 1	3-468-96942-2
Workbook Package 1 (contains Workbook and 2 CDs)	3-468-96943-0
Teacher's Handbook 1	3-468-47753-8
Transparencies 1	3-468-47754-6
Tests 1	3-468-47755-4
2 Cassettes 1.1 *(use with Textbook 1)*	3-468-47756-2
Cassette 1.2 *(use with Workbook 1)*	3-468-47757-0
Cassette 1.3 *(pronunciation training)*	3-468-47758-9
Cassette 1.4 *(use with tests)*	3-468-47759-7
Glossary German–English	3-468-47760-0
Glossary German–Spanish	3-468-47764-3
2 CDs 1.1 *(use with Textbook 1)*	3-468-47768-6
2 CDs 1.2 *(use with Workbook and for pronunciation training)*	3-468-47769-4
CD 1.3 *(use with tests)*	3-468-47809-7
Glossary Deutsch–Englisch 1	3-468-47760-0
Glossary Deutsch–Spanisch 1	3-468-47764-3

Symbols used in **Moment mal! Workbook 1:**

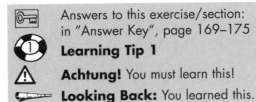

Ü2	**Exercise 2**
A7	**Assignment 7** in the *Textbook*
	Listen! *(Workbook Cassette)*
	Listen! *(Pronunciation Cassette)*

Answers to this exercise/section: in "Answer Key", page 169–175

Learning Tip 1

Achtung! You must learn this!

Looking Back: You learned this.

Moment mal! uses the changes from the new German spelling reform.

Printed on chlorine-free paper.

© 1997 Langenscheidt KG, Berlin and Munich/Langenscheidt Publishers, Inc., New York

All rights reserved. No part of this book may be reproduced
in any form without the written permission of the publisher.

Printed by Langenscheidt, Berlin
Printed in Germany · ISBN 3-468-**96942**-2

Contents

1   Menschen – Sprachen – Länder – Städte

Ü1   1 Menschen

People, places, languages

a) Match the questions and answers.

b) Ask your partner.

1	Wo wohnt Anna?	A	Er spricht Schwedisch.
2	Welche Sprache spricht Bilge?	B	Sie wohnt in Innsbruck.
3	Was sagt Jenny?	C	Er sagt „Ahoj!"
4	Wo wohnt Urs?	D	Sie sagt „Guten Tag!"
5	Welche Sprache spricht Anders?	E	Sie spricht Türkisch.
6	Was sagt Zdenky?	F	In Zürich.

Ü2

a) Ask your partner.
b) Write down the answers.

1. Wo wohnt Jenny?   *In Haarbach.*
2. Welche Sprache spricht sie?   *Sie spricht Deutsch*
3. Wo wohnt Urs?   *Er wohnt in Zürich.*
4. Welche Sprache spricht er?   *Er spricht Deutsch.*
5. Wer spricht Deutsch?   *who*   *Jenny spricht Deutsch.*
6. Welche Sprache spricht Bilge?   *Sie spricht Türkisch / Deutsch*

(Fragen Sie:)

Jenny, Anna, und Urs Sprechen Deutsch.

Ü3

Text: referencing

a) Read.

Das ist Jenny. Sie wohnt in Haarbach.

Sie spricht Deutsch und sagt „Guten Tag!"

Das ist Urs. Er wohnt in Zürich.

Er spricht Schweizerdeutsch, und er sagt „Grüezi!"

Das ist Anna. Sie wohnt in Innsbruck.

Sie spricht auch Deutsch. Sie sagt „Servus!"

b) Complete with „sie" or „er".

1. Das ist Elizabeth. *sie* wohnt in London. *sie* spricht Englisch.
2. Das ist Yves. *Er* wohnt in Paris. *Er* spricht Französisch, und ____ sagt „Bonjour!"

Ü4

Countries and cities in Europe

Read and fill in the blanks.

1. Portugal / Lissabon   2. Spanien / *Madrid*   3. *Italien* / Rom
4. Griechenland / *Athen*   5. England / *London*   6. *Irland* / Dublin
7. *Frankreich* / Paris   8. Island / *Reykjavik*   9. *Norwegen* / Oslo
10. *Schweden* / Stockholm   11. Rumänien / Bukarest   12. Litauen / Wilna
13. Russland / *Moskau*   14. die Türkei / *Ankara*   15. die Schweiz / *Bern*
16. Österreich / *Wien*   17. *Deutschland* / Berlin

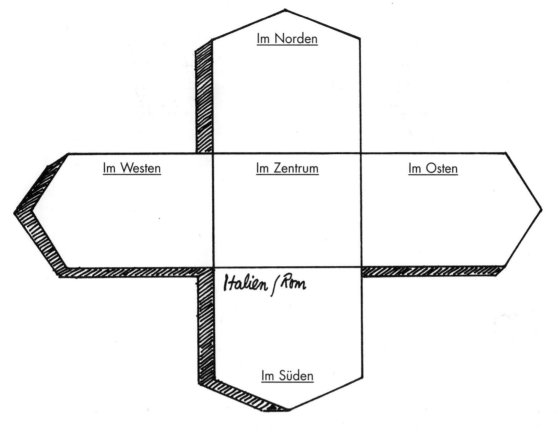

Im Norden

Im Westen   Im Zentrum   Im Osten

Italien / Rom

Im Süden

Learning Tip! **Listening = Identifying names (countries, cities, people, ...).**
Hören Sie 15 Minuten Radio. / Schauen Sie 15 Minuten TV. Identifizieren
Sie Namen.

Ü6

Where do you live?
What is to your
north, south, east,
and west?
Write down the
information.

1. Wo _liegt_ Rom? – Rom liegt im _Süden_ von Europa.   2. Was _ist_ die
Hauptstadt von Deutschland? – Berlin.   3. _Wo_ liegt Griechenland? – Im _Süden_
_____ von Europa.   4. Und Österreich? – Österreich liegt im _Zentrum_ von Europa.
5. Wo _liegt_ Bern? – In der _Mitte_.   6. Und was _ist_ die Hauptstadt
von _Rumänien_? – Bukarest.   _Schweiz_

Ü7

a) Fill in the blanks.

b) Read out loud.

 Ü8

The sentence: interrogative words and statements.
Fill in the blanks.

Wo	⟨wohnt⟩	Jenny?	– Jenny	⟨*wohnt*⟩	in Haarbach.
Welche Sprache	spricht	sie?	– Sie	⟨*spricht*⟩	Deutsch.
Was	⟨*sagt*⟩	sie?	– Sie	⟨*sagt*⟩	„Guten Tag!"

 Ü9

The verb: position
Where is the verb: in position ①, ②, or ③? Complete the rule.

①	②	③
FRAGEWORT (+SUBSTANTIV)		
WORTFRAGE		

①	②	③
AUSSAGESATZ		

RULE

> Das Verb ist in Position _2_ .

Ü10

Writing sentences
a) Separate the sentences with a mark.
b) Write out the sentences.

c) First read only the questions/then the answers.

dasistanna|wowohntsie|siewohntininnsbruck|welchespracheschprichtsie|siespricht deutsch|wassagtsie|siesagtservus|wassagtmaria|wassagtyves|mariasagtbuenosdias|yvessagtbonjour|welchesprache sprichturs|ersprichtschweizerdeutsch|woliegtdieschweiz|imzentrumvoneuropa

> *Das ist Anna. Wo wohnt sie? ...*

Ü11

Complete by filling in the verbs and writing down the sentences.

1. Das Urs. Er in Zürich.
   Er Schweizerdeutsch. Er „Grüezi!"
2. Das Elizabeth. Sie in London.
   Sie Englisch. Sie „Hello!"
3. Wo Jenny? Welche Sprache sie?
4. Wer Englisch?
5. Wo Italien? Was die Hauptstadt von Italien?
6. Welche Sprachen Bilge?

> *1. Das ist Urs. Er wohnt in Zürich*
> *Er spricht SD. Er ~~sagt~~ Grüezi*
> *sagt*

2 Name – Sprache – Land – Wohnort

Türkin
Deutsch und Türkisch.

1. Bilge ist ~~Spanierin~~ und Deutsche. Sie spricht ~~Spanisch~~. Sie lebt in Berlin.

Polnisch *Französisch,*
2. Martin spricht Deutsch und ~~Tschechisch~~. Er kommt aus Polen und lebt in ~~Bern~~. *Warschau*

3. Akemi lebt in Innsbruck. Sie kommt aus Österreich. Sie lernt ~~Englisch~~. *Deutsch.*

Ü12 🔑

Names, languages, places, countries
Correct the sentences.

Wie heißt sie?

1. *Woher kommt sie* ? — Sie heißt Bilge.
2. *Welche Sprache spricht sie* ? — Sie kommt aus Izmir.
3. *Wer ist das* ? — Sie spricht Deutsch und Türkisch.
4. *Wo wohnt sie* ? — Das ist Akemi.
5. *Wo wohnt Martin* ? — Sie lebt in Innsbruck.
6. *Wer kommt Martin* ? — Er wohnt in Warschau.
— Er kommt aus der Schweiz.

Ü13 🔑

Write the questions.

♂	Menschen ♀	Länder	Sprachen
Deutscher	Deutsche	Deutschland	*Deutsch*
Österreicher	*Österreiche*	Österreich	Deutsch
Schweizer	Schweizerin	*Schweiz*	Deutsch / Italienisch / Französisch
Japaner	Japanerin	*Japan*	*Japanisch*
Engländer	Engländerin	England	*Englisch*
Türke	*Türkin*	die Türkei	Türkisch
Franzose	Französin	*Frankreich*	Französisch
Schweden	*Schwede*	Schweden	*Schwedisch*
Sie:	Sie:	Ihr Land:	Ihre Sprache:

Ü14 🔑

Complete the table.

1. Bilge kommt aus der *Türkei*. Sie lebt in Berlin. Sie ist *Türkin* und *Deutsche*.
2. Yves wohnt in Paris. Er spricht *Französisch*. 3. Urs spricht Schweizer *Deutsch*.
Er ist *Schweizer*. 4. Martin kommt auch aus der Schweiz. Er spricht *Polnisch* und
Französisch. 5. Akemi ist *Japanisch*. Sie spricht Japanisch und *Englisch*.
6. Elizabeth spricht auch *Englisch*. Sie kommt aus *Britanien*. Sie lebt in London.
7. Und Anders? Er kommt aus *Schweden* und spricht *Schwedisch*.

Ü15 🔑

Fill in the blanks.

1

Ü16

Introducing people: „du" or „Sie"?

Listen to the dialogs A10 and A11 and fill in the blanks.

3 Name – Wohnort – Adresse

①   Wie **heißt** du? ● ○ Ich **heiße** Maria.

Und woher **kommst** du? ● ○ Aus Alicante.

Alicante? **Wo** ist das? ● ○ In **Spanien** .

Und wo **wohnst** du jetzt? ● ○ In **Bremen** .

② Wie **heißen** Sie, bitte? ● ○ Mein Name **ist** Arthur Miller.

Und woher **kommen** Sie? ● ○ Aus Abingdon.

Abingdon? **Wo** ist das? ● ○ **In England** .

Und **was** ist Ihre Adresse? ● ○ Essen, Fischerstraße 9.

Ü17

The verb and the subject

a) Fill in the subject.
b) Mark the verb.

1. Wie (heißt) **du** ? – **Ich** (heiße) Maria.

2. Woher kommst **du** ? – **Ich** komme aus Alicante.

3. Welche Sprachen sprichst **du** ? – **Ich** spreche Spanisch und Italienisch.

4. Das ist Maria. **Sie** kommt aus Alicante. **Sie** spricht Spanisch und Italienisch.

Ü18

Verb forms

Ergänzen Sie die Tabelle.

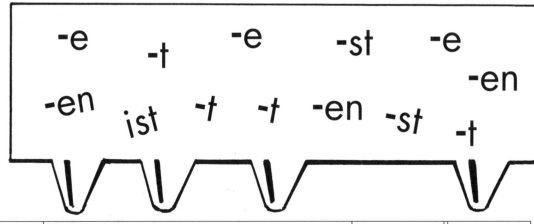

	heißen	kommen	sprechen	◀ ENDUNG	sein
ich	heiß **e**	komm **e**	sprech **e**	◀ **e**	bin
du	heiß **t**	komm **st**	sprich **st**	◀ **st**	bist
Sie	heiß **en**	komm **en**	sprech **en**	◀ **en**	sind
er/sie	heiß **t**	komm **t**	sprich **t**	◀ **t**	**ist**

Ü19

Ergänzen Sie.

Und wie heißen *Sie*? – Ich **heiße Rachel**

Woher kommen *Sie*? – Ich **komme aus New York City.**

Welche Sprache(n) sprechen *Sie*? – **Ich spreche englisch.**

1	2	3
Wie	heißt	du ?
Ich	heiße	Maria.
Woher	kommst	Du
Ich	komme	aus Alicante
Welche Sprachen	sprichst	Du
Ich	spreche	Spanisch und Italienisch
Sie	kommt	aus Alicante
Sie	spricht	Spanisch und Italienisch.

Das Subjekt ist in Position __1__ oder in Position __3__ .

 RULE

Ü20 🔑

The subject: position

a) Write down the sentences from Ü17 in a table.
b) Mark the subjects.
c) Complete the rule.

---

① in – Bilge – <u>wohnen</u> – Berlin.

Türkin – sie – <u>sein</u>.

sie – „Merhaba" – <u>sagen</u>.

sie – Türkisch – sprechen – Deutsch – und.

② heißen – wie – Sie?

Martin – ich – Baumgartner – heißen.

Sie – woher – kommen?

aus – Schweiz – der.

wo – Sie – wohnen?

Warschau – in.

sprechen – welche – Sprachen – Sie?

und – Polnisch – Französisch – Deutsch.

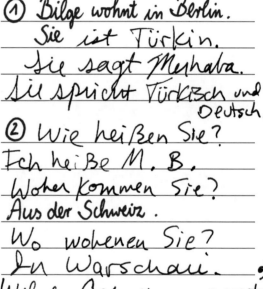

① Bilge wohnt in Berlin.
Sie ist Türkin.
Sie sagt Merhaba.
Sie spricht Türkisch und Deutsch.

② Wie heißen Sie?
Ich heiße M. B.
Woher kommen Sie?
Aus der Schweiz.
Wo wohnen Sie?
In Warschau. sprechen
Welche Sprachen spricht Sie?
Deutsch, Polnisch, Französisch.
und

Ü21

Writing, reading, and speaking texts

a) Write the sentences.

🔑

b) Read text ① out loud.
c) Read text ② out loud as a dialog.
– Name?
– Nationality?
– Residence?
– Which language?

---

1. Hör__en__ Sie!

4. Sprech__en__ Sie!

7. Les__en__ Sie die Texte!

2. Notier__en__ Sie die Adresse!

5. Antwort__en__ Sie bitte!

8. Ergänz__en__ Sie die Sätze!

3. Schreib__en__ Sie!

6. Markier__en__ Sie!

9. Schau__en__ Sie!

Ü22 🔑

Imperative sentence

a) Ergänzen Sie.
b) Wo ist das Verb? Ergänzen Sie die Regel.

Im Aufforderungssatz steht das Verb in Position __1__ .

RULE

1

Ü23

Satz:
Verb-Position

a) Markieren Sie
das Verb.
b) Ergänzen Sie:
? oder . oder !

O   V   S

1. Was (sagt) Anna ? (Hören) Sie ! Sie sagt „Servus".   S V O

2. Wo (wohnt) Urs ? Lesen Sie ! Urs (wohnt) in Zürich.

3. (Lesen) Sie die Texte . (Antworten) Sie bitte !

4. Wer (ist) das ? Das (ist) Akemi . Welche Sprachen (spricht) sie ?

Fragen Sie ? Sie spricht Japanisch und Englisch.

5. (Lesen) Sie die Sätze . (Markieren) Sie das Verb . (Ergänzen) Sie die Satzzeichen .

Ü24

Wo ist das Verb?
Notieren Sie in der
Tabelle.

V   S   O

	1	**2**	**3**
WORTFRAGE	Verb	Sobject	Object
AUSSAGESATZ			
AUFFORDERUNGSSATZ			

Exclamation

Verb

Ü25

**Describing
people**

Write the
description.

Martin Baumgartner   Akemi Waldhäusl

Hanke Meier:

Deutsch – Französisch –
Russisch
Bonn – jetzt Paris
        now

Martin Baumgartner kommt aus der Schweiz.
Er wohnt in Warschau. Er spricht .. Deutsch, Französisch, und
Akemi Waldhäusl lebt ..in Innsbruck.   Polnisch –
Hanke Meier .. spricht Deutsch, Französisch, und Russisch.
Ich ...spreche English.
Er ~~kann oder~~ wohnt in Bonn.

Ü26

**Noting
information and
passing it on**

a) Listen and take
notes.

b) Describe the
persons.

Name:	Maria		
Herkunft:			
Wohnort:			
Adresse:			

4 Kurs-Sprache

 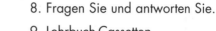

1. Lesen Sie.
2. Hören Sie.
3. Sprechen Sie.
4. Schreiben Sie.
5. Schauen Sie.
6. Sammeln Sie.
7. Ergänzen Sie.

8. Fragen Sie und antworten Sie.
9. Lehrbuch-Cassetten
10. Lerntipp Nr. 1
11. Arbeitsbuch-Cassette
12. Lösungsschlüssel (Arbeitsbuch)
13. Aussprache-Cassette
14. Notieren Sie.

Ü27

Language in the German course
What does that mean?
Match the sentences and symbols.

A:

1. ☒ Ich höre Wörter.
2. ☐ Ich lese einen Dialog.
3. ☐ Ich schreibe einen Text.
4. ☐ Ich notiere Informationen.
5. ☐ Ich ergänze einen Text.
6. ☐ Ich markiere das Subjekt.
7. ☐ Ich übe einen Dialog.
8. ☐ Ich spreche Deutsch.
9. ☐ Ich frage die Lehrerin.
10. ☐ Der Partner antwortet.

B:

☐ Ich höre Texte.
☐ Ich lese einen Text.
☐ Ich schreibe Wörter.
☐ Ich notiere das Verb.
☐ Ich ergänze die Endung.
☐ Ich markiere einen Rhythmus.
☐ Ich übe die Aussprache.
☐ Ich spreche rhythmisch.
☐ Ich frage den Lehrer.
☐ Die Partnerin antwortet.

Ü28

Listen to text A19 again. Which sentences do you hear?
Check them off.

1. ☐ zuordnen
2. ☐ vergleichen

heiß **e**
☐ ergänzen
☐ notieren

☐ schreiben
☐ markieren

☐ beschreiben
☐ korrigieren

☐ ankreuzen
☐ wiederholen

++	+	–	– –
	✗		

☐ spielen
☐ bewerten

Ü29

Check the word which fits.

1. **schreiben** —— die Cassette —— die Lautschrift —— notieren
2. **lesen** —— der Text —— der Rhythmus —— mitlesen
3. **hören** —— die Melodie —— der Dialog —— beschreiben
4. **sprechen** —— ergänzen —— die Sprache —— die Aussprache
5. **üben** —— der Wortschatz —— die Grammatik —— die Tabelle

Ü30

Welches Wort passt nicht?
Markieren Sie.

5 Aussprache

 Ü31

Accent, pauses, and melody

a) Listen again to dialog A15. Mark the accented words.

b) Read it out loud.

● Hallo, Anna!
○ Hallo, Max!
● Das ist Anders.
○ Hallo, Anders!
  Woher kommst du?
■ Äh …

● Er ist Schwede. Er spricht Schwedisch und Englisch. Er kommt aus Trollhättan.
○ Ach so.
● Und das ist Maria. Sie kommt aus Alicante.
○ Tag, Maria!
□ Hallo, Anna!

Ü32

Learning phonetic script

a) Write the alphabet in phonetic script.

b) Read out loud.

Aa [ɑː]	Bb [ ]	Cc [ ]	Dd [ ]	Ee [ ]	Ff [ ]	Gg [ ]
Hh [ ]	Ii [ ]	Jj [ ]	Kk [ ]	Ll [ ]	Mm [ ]	Nn [ ]
Oo [ ]	Pp [ ]	Qq [ ]	Rr [ ]	Ss [ ]	Tt [ ]	Uu [ ]
Vv [ ]	Ww [ ]	Xx [ ]	Yy [ ]		Zz [ ]	

Ü33

Spelling

a) Speak with rhythm:
● softly – ● loudly.

b) Mark the rhythm and read out loud.

a b c d e f g h i j k l m n o p q r s t u v w x y z
● ● ● ● ● ●

a b c d e f g h i j k l m n o p q r s t u v w x y z
● ● ● ● ● ● ● ●

a b c d e f g h i j k l m n o p q r s t u v w x y z

a b c d e f g h i j k l m n o p q r s t u v w x y z

RÜCKSCHAU

Ich und die Gruppe:

	++	+	–	– –
• Namen in der Gruppe				
• Wohnorte, Länder				
• Lehrer / Lehrerin: Adresse				

Grammatik:

Regel: Verb-Position:

	+	–
• Aussagesatz		
• Aufforderungssatz		
• Wortfrage		

R1

I know that.
Indicate with a plus sign.

Sprechen und schreiben:

++	+	–	– –

• Länder
• Städte
• Sprachen
• Nationalitäten
• fragen: Name, Land, Stadt, Sprache?
• Personen vorstellen: Name, Land, Nationalität, Sprache(n)
• Alphabet

R2

I can do that.
Indicate with a plus sign.

Land	Sprache(n)	Nationalität
…	…	*Deutscher / Deutsche*

R3

a) Write down:
10 countries,
5 languages, and
5 nationalities for Europe.
b) Compare yours with R2.

A

Mona Lisa (I)
Don Quichotte (E)
Marilyn Monroe (USA)

Personen vorstellen	++	+	–	– –
• ich				

(CH) Wilhelm Tell
(GB) Robin Hood
(F) Jeanne d'Arc

B

Personen vorstellen	++	+	–	– –
• Partner/Partnerin				

R4

Introducing people

a) Introduce three people.

b) Evaluate and check the columns.

c) Compare with R2.

Verb	Position 1	Position 2	Position 3
• Aussagesatz			
• Aufforderungssatz			
• Wortfrage			

R5

Verb-Position

a) Where is the verb? Put a check in the column.
b) Compare your work with R1.

2 City-Information

Learning Tip! **Listening = Combining sounds, words and voices:**
- **Sounds:** Street, train station, cafe, … → **Where?**
- **Voices:** Woman, man, … → **Who?** ⎱ **SITUATION**
- **Words:** Information about a city, → **What?** ⎰
  hotel, city center, …

Ü1
Dialoge

– Guten Tag! / Guten Abend!	– Guten Tag! / Guten Abend!
– suche	– da gibt es zwei Hotels
– ein Einzelzimmer (EZ) /	– „Hotel Ambassador": EZ 80, DZ 120
ein Doppelzimmer (DZ)	„Hotel Europa": EZ 70–100 (siebzig bis
– 80 (achtzig) / 100 (hundert)	hundert), DZ 170 (hundertsiebzig)
– 120 (hundertzwanzig) /	„Hotel Arcade": EZ 100, DZ 150
140 (hundertvierzig)	(hundertfünfzig)
	„Hotel Luise": EZ 90 (neunzig), DZ 140

a) Write a dialog.

● Guten _Tag!_

○ Guten _Abend_.

● Ich _suche_ ein _Hotel_ für etwa _~~80~~ 90_ Mark.

○ Einen Moment, bitte, _da gibt es zwei Hotels_ das Hotel _Ambassador_,
da kostet das _↳80 M_ _Einzelzimmer_; und das Hotel _Europa_,
da kostet das _↳100 M_ _Einzelzimmer_

● Ich nehme das _Hotel Ambassador_. Reservieren Sie bitte für mich?

○ Gerne. Wie ist Ihr Name?

b) Role play
a dialog.

● _Mein name ist Rachel Shapiro_.

AB **Ü2**

Fragen

a) Listen.
b) Read and
answer the
questions.

1. Was sucht der Mann?
2. Was kostet das im Hotel Ambassador?
3. Was kostet das im Hotel Europa?
4. Welches Hotel liegt im Zentrum?
5. Welches Hotel nimmt der Mann?
6. Wie heißt der Mann?

_1,_

Ü3

Verb:
present tense
Fill in the blanks.

① Das _ist_ Milena. Was such_t_ sie?

„Entschuldigung, ich such_e_ die City-Information." – „Was such_en_ Sie?" –

„Die City-Information." – „Ach so, die _ist_ im Bahnhof." – „Danke".

② Das _ist_ Marcel und Sören. Was such_en_ sie?

„Entschuldigung, wir such_en_ das Hotel Central." – „Welches Hotel such_en_ Sie?" –

„Das Hotel Central." – „Ach so, das _ist_ ganz einfach, …"

③ Das _ist_ Maria. Wo wohn_t_ und arbeit_et_ sie?

„Wer _bist_ du?" – „Ich _bin_ Maria." – „Und wo wohn_st_ und arbeit_est_ du?" –

„Ich wohn_e_ und arbeit_e_ in Berlin."

Ü4

a) Fill in the blanks
with the singular.

bin -e -en -t -en -t -t -e -en ist -st
-est bist -e sind -en -st -st -e -et

	suchen	arbeiten	nehmen	haben	sein
SINGULAR					
ich	such_e_	arbeit_e_	nehm_e_	hab_e_	_bin_
du	such_st_	arbeit_est_	nimm_st_	ha_st_	_bist_
Sie	such_en_	arbeit_en_	nehm_en_	hab_en_	_sind_
er es sie	such_t_	arbeit_et_	nimm_t_	ha_t_	_ist_
PLURAL					
wir	such_en_	arbeit_en_	nehm_en_	hab_en_	sind
ihr	such_t_	arbeit_et_	nehm_t_	hab_t_	seid
Sie	such_en_	arbeit_en_	nehm_en_	hab_en_	sind
sie	such_en_	arbeit_en_	nehm_en_	hab_en_	_sind_

b) Read the verbs
out loud.

c) Build the verb
forms.

→ lesen, sprechen

→ antworten, kosten

→ wohnen, fragen, kommen, spielen, leben, lernen

Almost all verbs have endings like „suchen".

RULE

2

Ü5

Fill in the blanks.

1. Wie **heißt** du? Woher **kommst** du? Wo **wohnst** du jetzt?
Wie **ist** die Adresse? Welche Sprachen **spricht** du?

2. Ich **bin** Elena. Ich **komme** aus Griechenland. Ich **lebe** jetzt in Bielefeld.
Die Adresse **ist** : Bielefeld, Feilenstraße 10. Ich **spreche** Griechisch und Englisch.

3. Und Sie? Wie **heißen** Sie? Woher **kommen** Sie? Wo **wohnen** Sie jetzt?
Wie **ist** Ihre Adresse? Welche Sprache **sprechen** Sie?

4. Das **ist** Jolanta, und das **ist** Martin. Sie **wohnt** und **arbeitet** in
Warschau. Sie **sprechen** Deutsch und Polnisch.

5. Welche Sprache **spricht** Akemi? Welche Sprache **lebt** sie? –
Sie **spricht** Japanisch und Englisch. – Und jetzt **lernt** sie Deutsch.

Ü6

Describing the route

Play the game:

Start: ℹ️

Goal: 🍴/🏨

Player 1 is looking for a hotel/restaurant. He/She does have a lot of money. He/She does not have much money. Player B gives directions and explains the route.

3 Stadtplan

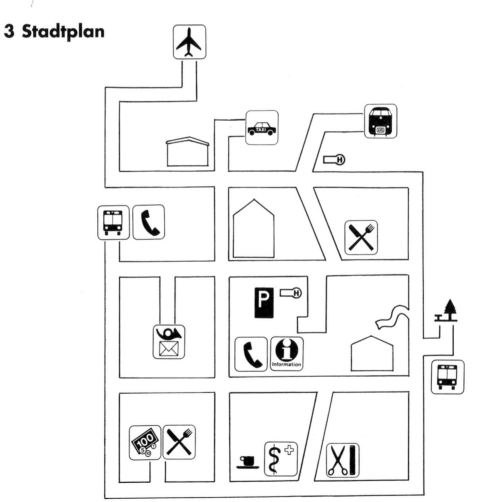

 Learning Tip! Mit „rechts" ↪, „links" ↩, „geradeaus" ⬆ kommen Sie überall hin.

16 • sechzehn

4 Ankunft im Hotel

● Guten Tag.
○ Guten Tag.
● Mein Name ist … .
○ Ich habe ein … reserviert.
● Moment bitte. Wie ist Ihr Name?
○ … .
● Wie schreibt man das?
○ … .

Ü7

**Registration/
Spelling**

Variieren Sie den
Dialog.

Namen

Ihr Name?
Steffi Graf, Mick Jagger,
Lino Ventura, Gianna Nannini, …

Buchstabiertafel

A Be Ce De E eF Ge
Ha I Jot Ka eL eM eN O Pe
Ku eR eS Te U Vau We
iX Ypsilon Zet

---

5 Im Café

Learning Tip! Im Café/Restaurant bestellen: „(Ich möchte) …, bitte!"

Tee, bitte!   Cola, bitte!   Mineralwasser, bitte!
Einen Tee, bitte!   Eine Cola, bitte!   Ein Mineralwasser, bitte!
Zwei Tee, bitte!   Zwei Cola, bitte!   Zwei Mineralwasser, bitte!

Information on numbers ➔ Textbook Unit 3, pp. 18–19 / Unit 4, p. 26.
Information on „ein" (indefinite article) ➔ Textbook Unit 3, p. 23 / Unit 4,
p. 29 / Unit 7, p. 47.

Guten Abend, was möchten Sie, bitte?

Ich möchte einen Kaffee, bitte.

Kaffee oder Espresso?

Ein Salat-Sandwich und eine Cola.

Und was nehmen Sie, bitte?

Möchten Sie auch ein Sandwich?

Die Karte, bitte.

Nein, danke. Nur einen Espresso.

Espresso, bitte.

Ü8

Ordering

Who is saying
what?
a) Put the items
in order.
b) Write a dialog.

Ü9

a) Write a dialog.

Also, zwei Sandwich, einen Tee, einen Kaffee.

Mit Zitrone oder Milch?

Guten Tag, was möchten Sie, bitte?

Und ein Sandwich, bitte.

Mit Käse, bitte.   Und ich möchte einen Tee.

Ich möchte einen Kaffee.   Mit Käse? Salami? Salat?

Mit Milch, bitte.

Ich nehme auch ein Sandwich, mit Salat.

● Guten Tag, was möchten Sie, bitte? _____

○ Ich möchte einen ...

b) Variieren Sie
den Dialog.
Spielen Sie:
„Im Café.“

ein Sandwich		Käse
einen Salat	mit	Salami
eine Mini-Pizza		Salat
...		Schinken
		...

ein Mineralwasser		
eine Cola		Zitrone
einen Tee	mit	Milch
einen Kaffee		...
einen Capuccino		
...		

● Guten Tag, was möchten Sie, bitte?

○ Guten Tag, ich möchte ... und ... .

● ...

Ü10

Verb: Formen

a) Ergänzen Sie
den Dialog.
b) Ergänzen Sie die
Endungen in der
Tabelle.

1. ● Milena, was möcht **est** du?

2. ○ Ich möcht____ ein Mineralwasser, bitte.

3. ● Und ihr, Karel und Jolanta?

   Möcht_____ ihr auch Mineralwasser?

4. ■ Nein, wir möcht_____ lieber Tee.

5. ● Gerne. – Und ich möcht____ einen

   Kaffee!

möcht-: ENDUNGEN			
ich	möcht____	wir	möcht____
du	möcht**est**	ihr	möcht____
Sie	möcht____	Sie	möcht____
er es sie	möcht____	sie	möcht____

Ü11

Listen to the
conversations and
check r or f.

	r (richtig)	f (falsch)
1. Die Frau bestellt einen Kaffee mit Milch.		
2. Die Frau möchte einen Tee mit Zitrone.		
3. Die Frau bestellt eine Mini-Pizza.		
4. Der Mann bestellt ein Sandwich mit Salami.		
5. Der Mann möchte ein Mineralwasser.		

6 Ein Tag in Essen

1. Was machen Milena und Beatrix?
2. Was lesen sie?
3. Es gibt viele Möglichkeiten. Welche?
4. Was möchte Beatrix?
5. Wie heißt die Kunstausstellung im Museum Folkwang?
6. Was möchte Milena zuerst machen?
7. Was machen Milena und Beatrix zuerst?
8. Was machen sie dann?

1. Sie sitzen im Café.

Ü12

Fragen zum Text

Lesen Sie den Text von A11 noch einmal. Beantworten Sie die Fragen.

Learning Tip! Reading = Identifying international words → Finding themes:

Band – Hit – Gitarrist – Bass	→ Musik / Rock, Jazz, Pop
Orchester – Symphonie – Beethoven	→ Musik / Klassik
Parlament – Präsident – Konflikt – Protest	→ Politik
Franken – Dollar – Index – Prozent	→ Ökonomie
Text – Autor – Story – Krimi	→ Literatur
Multimedia – PC – Software – Internet	→ ...

SATIRICON

4. Nov., 23.00 Uhr
JAZZ ROUND MIDNIGHT
Eva und ihre Band

9. Nov., 21.00 Uhr
JAZZ
Big-Band der Folkwang-Hochschule
Ltg. Peter Herborn

MUSEUM FOLKWANG

12. Nov. bis 7. Jan.
GLAUBE, HOFFNUNG – ANPASSUNG
Sowjetische Bilder 1928–45
Neue Galerie

26. Nov. bis 18. Febr.
FELIX VALLOTTON
Malerei, Graphik
Eine Retrospektive

EUROPAHAUS

1. Nov., 20.00 Uhr
DIE REVUE LEBT!
Coco la Fontaine präsentiert
Femme Fatale
Travestieshow

Essener Tips · Termine

THEATER COURAGE

3. Nov.
JANIS JOPLIN
Eine Musikrevue über das Leben des Rockstars Janis Joplin
Premiere
Fr. u. Sa. 20.30 Uhr
So. 19.00 Uhr

GALERIEN

10. Nov. bis 16. Dez.
RICKY KNIES
Serielle Fotografie, kleinformatige Plastiken und Skulpturen
Galerie Geymüller
Schützdellerweg 11

VILLA HÜGEL

23. Nov., 20.00 Uhr
KONZERT IM HÜGEL-ZYKLUS
Werke von Joh. Seb. Bach, Leopold Mozart, C. Ph. E. Bach, W. A. Mozart
Solist: Lars Asbjörnsen, Flöte
Dirigent: Peter Ewaldt

Ü13

Identifying words

Which words do you recognize:
a) Music?
b) Art?
Mark them.

Stadt *f* 1. town, (*Groß*) city: *in die ~ gehen* go to town. 2. (*~verwaltung*) municipality. **~autobahn** *f* urban motorway (*Am.* expressway). **~bahn** *f* city

Stadt|kern *m* town (*od.* city) cent/re (*Am.* -er). **~leben** *n* city life. **~luft** *f* city air. **~mauer** *f* city wall. **~mitte** *f* → *Innenstadt*. **~plan** *m* city map.

Stadtrundfahrt *f* city sightseeing tour. **Stadtsa,nierung** *f* urban renewal. **Stadtstaat** *m* city state. **Stadtstreicher(in)** city vagrant. **Stadt|teil** *m* district. **~tor** *n* town gate. **~verkehr** *m* town (*od.* city) traffic. **~verwaltung** *f* municipality. **~viertel** *n* district. **~zentrum** *n* → *Innenstadt*.

__ Stadtzentrum	__ Telefon	__ einfach
1 Stadt	__ Theater	__ einmal
__ Stadtrundfahrt	__ Tee	__ Einzelzimmer
__ Stadtplan	__ Text	__ Entschuldigung

Ü14

Wörter im Wörterbuch suchen

Ordnen Sie die Wörter alphabetisch.

Ü15

Interrogative
sentences

a) Ergänzen Sie
die Verben.

b) Lesen Sie die
Mini-Dialoge laut.

Satzfrage (positiv):

● _Möchtest_ du ins Museum?

⤙ Ja.
Nein (, lieber in die Stadt).

● ____ das weit?

⤙ Ja.
Nein (, nur fünf Minuten zu Fuß).

Satzfrage (negativ):

● _____ du nicht ins Museum?

⤙ Doch.
Nein (, lieber in die Stadt).

● _Ist_ das nicht sehr weit?

⤙ Doch.
Nein (, nur fünf Minuten zu Fuß).

Ü16

Questions,
Answers,
Commands

a) Answer the
questions.

b) Ask the
questions.

1. Sucht Milena die City-Information?

2. Ist die City-Information nicht im Bahnhof?

3. Braucht Milena ein Hotelzimmer?

4. Welches Hotel nimmt sie?

5. _____

6. _____

7. _____

8. _____

_____

_____

_____

_____

Die Freundin von Milena heißt Beatrix.

Sie kommt aus Holland.

Ja, sie möchte ins Café.

Doch, das Café liegt im Zentrum.

c) Check off the
answer.

9. Möchtest du in die Gruga-Halle?

10. Ist das nicht sehr weit?

11. Nehmen wir den Bus?

12. Milena, gehst du nicht ins Kino?

Ja.	Doch!

d) Write down the
commands from
Ü15 and Ü16 a), b).

13. _Ergänzen_ _____

15. _____

14. _____

16. _____

Ü17

Verb: Position

Wo steht das
Verb: Position
1, 2, oder 3?

	V ↓ 1	**E** ↓ 2	**R** ↓ 3	**B**
WORTFRAGE				
AUSSAGESATZ				
AUFFORDERUNGSSATZ				
SATZFRAGE				

Ü18

Complete the rules.

RULE ▶

Wortfrage und _____: Das Verb steht in Position _____.

Aufforderungssatz und _____: Das Verb steht in Position _____.

7 Kurs-Sprache

Ü19

Understanding the course language

a) Look at the pictures: read the words and sentences.
b) Mark the sentences and words which you know.

hören:
Hören Sie.
Hören Sie noch einmal.
Welche Wörter hören Sie?

lesen: Lesen Sie.
Lesen Sie den Text.
mitlesen: Lesen Sie halblaut mit.

sprechen: Sprechen Sie rhythmisch.
buchstabieren: Buchstabieren Sie bitte.
fragen: Fragen Sie Ihre Partnerin.
antworten: Ihr Partner antwortet.
beantworten: Beantworten Sie die Fragen.

schreiben: Schreiben Sie.
notieren: Notieren Sie Wörter.
markieren: Markieren Sie die Formen.
ankreuzen: Kreuzen Sie an.
ergänzen: Ergänzen Sie die Tabelle.

schauen: Schauen Sie.
suchen: Suchen Sie.
finden: Welche Wörter finden Sie?

spielen: Spielen Sie den Dialog.
klopfen: Klopfen Sie den Rhythmus.
klatschen: Klatschen Sie den Rhythmus.

vergleichen: Vergleichen Sie.
korrigieren: Korrigieren Sie.
bewerten: Bewerten Sie.

sammeln: Sammeln Sie.
ordnen: Ordnen Sie.
zuordnen: Ordnen Sie zu.

verstehen: Ich verstehe das Wort nicht.
können: Das kann ich (nicht).
wiederholen: Wiederholen Sie bitte.
heißen: Wie heißt das auf Deutsch?
kennen: Welche Wörter kennen Sie?

2

Ü20

8 Aussprache

Rhythmus

a) Listen to the words and mark the accented syllable.

~~Am Bahn - hof.~~
•

Die Stra - ßen - bahn.   Ver - zei - hung!   Im Zen - trum.   Ein Ta - xi.

Ho - tel Lin - den - hof.   Gu - ten Tag!   Ein Ho - tel - zim - mer.   Wie hei - ßen Sie?

Mo - ment bit - te.   Wie schreibt man das?   Buch - sta - bie - ren Sie.   Vie - len Dank!

b) Listen again: clap/knock to the rhythm.

c) Put the words in order. Say them out loud.

1. • • •

2. • • ●

3. • • • •

4. • ● •
Am Bahnhof

Ü21

Sprechmelodie

a) Listen to the melody and mark. (↑), (↓).

b) Say it out loud.

Hallo, Milena (↑)   Einen Kaffee ( )   Einen Tee, bitte ( )

Mit Zitrone ( )   Mit Milch und Zucker ( )   Zwei Mineralwasser ( )

Ein Sandwich mit Salami ( )   Mit Käse ( )

Mit Tomaten und Schinken ( )   Eine Tagessuppe ( )

Salat mit Tomaten ( )   Zwei Hamburger ( )   Ja, gerne ( )

Ü22

**Nachfragen:
Wie? Wie bitte?**

a) Markieren Sie die Sprechmelodie und sprechen Sie.

1. ● Wie heißen Sie? (↓)
   ○ Mein Name ist Bade. ( )
   ● Wie bitte? ( )
   ○ Bade. ( )
   ● Wade? ( )
   ○ Nein, Anna Bade! ( )

2. ■ Woher kommen Sie? ( )
   □ Aus Wien. ( )
   ■ Wie? ( )   Wie bitte?? ( )
   □ Aus Wien. ( )
   ■ Ahh, ... aus Berlin! ( )
   □ Nein, Wien!! ( )

b) Schreiben Sie Dialoge.

3. Lena Wiese   (→ Kiese?)
4. Tim Krieger   (→ Krüger?)
5. Max Kiesling   (→ Fiesling?)

6. Biel   (→ Kiel?)
7. Passau   (→ Nassau?)
8. Essen   (→ Hessen?)

c) Spielen Sie die Dialoge.

Situationen in einer fremden Stadt auf Deutsch:

	++	+	−	− −

- Orientierung: Ort und Weg
- Ein Hotel suchen
- Anmeldung im Hotel
- Speisen und Getränke bestellen
- Pläne für einen Tag machen
- Eine Stadt vorstellen

R1
Das kann ich.
Kreuzen Sie an.

a) Ich und die Gruppe:

	++	+	−	− −
mit Partnern sprechen				
Dialoge spielen				
in der Gruppe lernen				
Aussprache üben				

- mit Partnern sprechen
- Dialoge spielen
- in der Gruppe lernen
- Aussprache üben

b) Grammatik/Aussprache/ Wortschatz:

- Verb-Endungen im Präsens
- Regel: Verb in der Satzfrage
- Sprechmelodie
- Wortschatz: Orientierung

	+	−

R2
a) Das mache ich gern.
Kreuzen Sie an.
b) Das kann ich.
Kreuzen Sie an.

A

Sie suchen den Bahnhof. Fragen Sie.

Ihr Partner / Ihre Partnerin fragt.
Antworten Sie:

- City-Information:

①

B
Ihr Partner / Ihre Partnerin fragt.
Antworten Sie:

- Bahnhof:

Sie suchen die City-Information.
Fragen Sie.

R3
a) Role play the three situations.

A

Sie fragen: „Guten Tag, was möchten Sie?"

Sie antworten:

②

B
Sie fragen: „Guten Tag, was möchten Sie?"

Sie antworten:

A

Sie sind Tourist/Touristin. Sie kommen aus Deutschland und sprechen Deutsch. Fragen Sie: „Was ist bekannt in …?"

③

B
Sie wohnen in … . Ein Tourist / Eine Touristin fragt Sie auf Deutsch. Antworten Sie.

Sprechen	Orientierung: Ort und Weg	Bestellen	Eine Stadt vorstellen
Ich			
Partner/Partnerin			

b) Evaluate.
++, +, −, − −.
c) Compare with R1.

▶ Fragen Sie den Lehrer / die Lehrerin: „Wo wohnen Sie?"
▶ Lesen Sie Prospekte über fremde Städte auf Deutsch: Welche Informationen verstehen Sie?
▶ Sie wohnen in Deutschland, Österreich oder der Schweiz? Gehen Sie in ein Café. Bestellen Sie ein Getränk.

Moment mal!

1 Die Welttournee

Time and place

Wann sind die „Young Gods" wo? Lesen Sie den Tourneeplan und ergänzen Sie.

Die „Young Gods" sind im Februar in England und in *Niederlande* (1). Im *März* (2) sind sie in Deutschland und *Frankreich* (3). Im *Mai* (4) und im *April* (5) in Amerika. Ende *Mai* (6) und Anfang *Juni* (7) in Australien; und im Juni in Japan. Im Juni, *England* (8) und *Deutschland* (9) haben sie Konzerte in England, _____ (10) und in der _____ (11).

Im _____ (12) sind sie in _____ (13), in _____ (14) und in Finnland.

In Österreich, Ungarn, Polen und in der Tschechischen Republik sind sie im _____ (15).

Im _____ (16) sind sie in Spanien und in _____ (17).

Ü2

Hören Sie A2b) noch einmal und lesen Sie:
a) Was ist deutsch? Markieren Sie.
b) Schreiben Sie und sprechen Sie die Monate.

Januar – January – Gennaio – Février – Febrero – Februar – Mars – <u>März</u> – Marzo – <u>April</u> – Avril – Aprile – May – Maggio – <u>Mai</u> – <u>Juni</u> – June – Juin – <u>Juli</u> – Luglio – Juillet – August – Août – Agosto – Septembre – Septiembre – <u>September</u> – Ottobre – October – <u>Oktober</u> – Novembre – Noviembre – <u>November</u> – December – Dicembre – <u>Dezember</u>

Januar 1	*Februar* 2	**März** 3	*April* 4	**Mai** 5	*Juni* 6
Juli 7	*August* 8	*September* 9	**Oktober** 10	*November* 11	*Dezember* 12

2 Die Musiker

Ü3

Musik-Instrumente

Wie heißen die Instrumente? Ordnen Sie zu. Benutzen Sie ein Wörterbuch.

1. die Gitarre
2. das Klavier / das Piano
3. die Geige / die Violine
4. das Schlagzeug
5. der Bass
6. das Saxophon
7. die Trompete
8. …

Name: Wie heißt er?	*Franz*	*Alain*	*Urs*
Alter: Wie alt ist er?	*30*	*33*	*27*
Stadt: Woher kommt er?	*Genf*	*Fribourg/Freiburg*	*Zürich*
Beruf: Was ist er?	*Sänger*		
Instrument: Was spielt er?	*Kein Instrument*	*Sampler*	*Schlagzeug*
Muttersprache: Was ist seine Muttersprache?	*Schweizerdeutsch Französisch*	*Französisch Deutsch*	*Schweizerdeutsch*

Ü4

Musiker-Porträts

a) Ergänzen Sie die Tabelle.

1. Er ist aus Genf. Wie heißt er? *Er ist Franz*

2. Alain spielt Sampler. Woher kommt er? *Er kommt aus Fribourg der Schweiz.*

3. …   …

b) Fragen und antworten Sie.

Ü5

Musicians in the band

a) Make up bands. Ask each other questions and write down the answers. Name, …

Name	Instrument(e)	Alter	Musik-Stile: Pop, Folk, Country Music, Blues, Jazz, Rock, Rap, Techno …
Jadwiga			

b) Ergänzen Sie.

„Wir sind die Band _____. Ich heiße _____ und

spiele _____. Ich bin _____ Jahre alt.

Meine Partnerin heißt _____. Sie spielt _____. Sie ist

_____. Und das ist _____, er ist _____;

und er spielt _____. Wir spielen vor allem _____."

c) Role play a concert. Introduce the musicians.

Vier Musikerinnen: Wer spielt Saxophon?

Vier Musikerinnen: Anna, Lisa, Barbara und Eva. Sie hören gerne Musik, und sie machen auch Musik. Eine findet Jazz und Rock spitze, eine mag klassische Musik, eine hat Volksmusik gern und eine Popmusik.
Eine ist Sängerin, die anderen drei spielen Instrumente: Eine spielt Klavier, eine Gitarre, eine Saxophon.
Anna findet klassische Musik super; sie spielt nicht Gitarre. Lisa spielt Klavier. Barbara findet Rock und Jazz super. Die Sängerin mag gerne Volksmusik.

Ü6

Musik-Stile und Musik-Instrumente

a) Lesen Sie und markieren Sie: Musik-Stile und Musik-Instrumente.

b) Ergänzen Sie die Tabelle.

Anna	*klassische Musik*	*Sax*
Lisa	*Popmusik*	*Klavier*
Barbara	*Rock und Jazz*	*Saxophon* / *Gitarre*
Eva	*Volksmusik*	*Sängerin*

c) Wer spielt Saxophon?

Ü7 3 Sampling: Zahlen und Musik

Zahlen

Hören Sie noch einmal den Text von A7: Welche Zahlen hören Sie? Markieren Sie.

1	16	6	13	7	27	2	31	14	17	0	18	51
3	5	19	8	9	21	10	11	4	12	29	15	20

Ü8

a) Schreiben Sie die Zahlen.

b) Lesen Sie die Zahlen laut.

0				
null				
1	2	3	4	5
e__i__s	zw__ei__	dr__ei__	v__ie__r	f__ün__f
6	7	8	9	10
s__ech__s	s__ieb__en	a__cht__	n__eu__n	ze__hn__
11	12	13	14	15
elf	zw__ölf__	__drei__ zehn	__vier__ zehn	__fünf__ zehn
16	17	18	19	20
__sechs__ hzehn	__sieb__ bzehn	__acht__ zehn	__neunzehn__	zw__anzig__

Learning Tip! Deutsche Zahlen hören / sprechen ≠ Zahlen schreiben

Beispiele: fünf/zehn ⟷ 15 ein/und/dreißig ⟷ 31

Ü9

Telefon-Nummern

Lesen Sie und schreiben Sie.

24 31 12: zwei-vier drei-eins eins-zwei ODER: vierundzwanzig einunddreißig zwölf

10 41 75: eins-null vier-eins sieben-fünf ODER: *zehn einsundvierzig fünfund siebzig*

8 65 98: acht sechs-fünf neun-acht ODER: *acht fünfundsechzig achtundneunzig*

39 17 64: drei-neun eins-sieben sechs-vier ODER: *neununddreißig siebzehn vierund sechzig*

10 86 80 11: zehn-acht sechs-elf ODER: _____

16 17 70: _____ ODER: _____

Ü10

Telefon-Liste

Schreiben Sie eine Telefon-Liste von Ihrem Kurs.

Name	Tel. Nr.

1. Sibylle Wiederkehr, Zürich: Telefonnummer _____
2. Anton Hradlicek, Wien: Telefonnummer _____

   Faxnummer _____
3. Goethe-Institut, München: Vorwahl _____ Telefonnummer _____
4. Volkshochschule Hannover: Vorwahl _____ Telefonnummer _____
5. Deutsche Botschaft, Madrid: Vorwahl für Spanien _____ Vorwahl für Madrid _____

   Telefonnummer _____

   Faxnummer _____

Ü11

Die Telefon-Auskunft anrufen

Hören Sie und notieren Sie die Nummer.

A

Telefonauskunft

Inland 0 11 88
Ausland 0 01 18

DRRING!! DRING!

B Telekom-Auskunft ... .
Bitte gedulden Sie sich einen Augenblick.
Platz ... .
Guten Tag!

C Guten Tag! Ich brauche die Nummer

von _____

in _____, bitte.

D Die gewünschte Nummer lautet:

_____.

Die Vorwahl lautet: _____.

Ich wiederhole: _____.

Wünschen Sie eine weitere Nummer,
bleiben Sie bitte am Telefon.

E ...

Ü12
a) Read the sample dialog.
b) Call up information.

Sie:	Rechnen:		Ihr Partner / Ihre Partnerin:
fünf plus drei ist ...?	+	plus	5 + 3 = 8
	–	minus	
	x	mal	
	:	durch	
	=	ist (gleich)	

Ü13
Arithmetic
Write down the assignment and dictate it to your partner.

Ü14
Zahlen-Bingo
Spielen Sie.

4 Das Konzert

Ü15

Likes/Dislikes

Hören Sie den Text von A8 noch einmal und ergänzen Sie.

Interview ①

● Christian, wie _____ (1) du das Konzert?   ○ Spitze, sehr _____ (2) –

● Und die Musik?   ○ Die Musik ist super! – ● Welche Musik _____ (3) du gern?

○ _____ (4) natürlich. – ● Was hast du _____ (5) gern? ○ Jazz. –

● Wie alt _____ (6) du?   ○ Zweiundzwanzig. – ● Vielen Dank, Christian.   ○ Bitte.

Interview ②

● Wie _____ (7) du?   ○ Mario. – ● Und woher _____ (8) du?

○ Aus Innsbruck. – ● _____ (9) _____ (10) bist du?   ○ Siebenundzwanzig. –

● Und wie findest du die „Young Gods"?   ○ Ich find sie _____ (11), aber sie spielen zu laut.

Das Konzert ist sehr _____ (12)! – ● Hörst du gern _____ (13)?

○ O ja, ich _____ (14) auch Musik. Ich _____ (15) Klavier in einer Jazz-Band.

Wir spielen aber auch Volksmusik aus_____ (16).

Interview ③

● Viktoria, _____ (17) findest du das Konzert?   ○ Es _____ (18). Nicht schlecht. –

● Und Sampling? Hast du das _____ (19)?   ○ Ja, die Mischung von Musik und Computer

finde ich sehr _____ (20)! – ● Und welche Musik hörst du gern?   ○ _____ (21) und

auch Volksmusik. Blues finde ich _____ (22)! – ● Wie alt bist du?   ○ Siebzehn. –

● Vielen _____ (23), Viktoria.   ○ _____ (24).

Ü16

Ordnen Sie die Wörter und Ausdrücke in die Skala ein.

> Spitze!   Sehr schlecht!   Nicht so gut.   Sehr gut!   Es geht.
>
> Gut.   Schlecht!   Nicht schlecht.

– – ⟵——————— **0** ———————⟶ + +

5 Der Zeitungsbericht

	r	f
1. Die „Young Gods" sind drei Musiker.	(	
2. Sie spielen seit elf Jahren zusammen.		
3. Sie spielen heute in Prag.		
4. Die Zuschauer finden das Konzert schlecht.		
5. Das Konzert dauert fünf Stunden.		
6. Die „Young Gods" haben viel Zeit.		
7. Die „Young Gods" finden das Konzert gut.		

Ü17

Zeitung lesen
Richtig oder falsch?
Kreuzen Sie an.

Learning Tip! Many words are international – You can understand these words.

1. How do you say these words in English or another language: Musik, Tournee, Band, Klassik?

2. How many German words are used in English? Write some down and compare your lists in class.

	1	2	3	4
A				
B				
C				
D				

	1	2	3	4
E				
F				
G				
H				

Ü18

Deutsche Wörter erkennen
Kreuzen Sie das deutsche Wort an:
1, 2, 3 oder 4?

Learning Tip! Lesen = Text identifizieren und W-Fragen stellen:
Was möchten Sie wissen? Wer? Was? Wann? Wo? Wie?

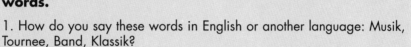
Who what when where why
der Zeitungsname
das Foto

die Bildlegende
die Schlagzeile

INNSBRUCKER STADTBLATT
20. September

„The Young Gods" im Utopia. Sie mixen Mozart, Kurt Weill und Pink Floyd: explosive Musik von heute.

„Götter" im Utopia

(ml) „The Young Gods" – das ist eine Band aus der Schweiz. Franz Treichler, 30, kommt aus Genf, Alain Monod, 33, aus Fribourg und Urs Hiestand, 27, aus Zürich.

Wie heißt die Zeitung?

Wer / Was ist auf dem Foto?

Wann spielen die „Young Gods" in Prag?

Wo spielen sie heute?

Ü19
**Answering
W-questions**
Read the news-
paper article. Look
at the picture:
Find the answers to
the questions.

Cool Man auf Tour:
Mega cool!

PETER STEINER, der „Cool Man", ist auf seiner 1. Tournee in der Schweiz.
Zu Hause hört der 78-jährige „Alpen-Opa" gern Volks- und Country-Musik. Aber im Konzert ist „Cool Man" einfach *megacool*, zusammen mit den vier Tänzern Tracy, Natascha, Spice und Teasy!
15.00 Uhr: Steiner kommt ins Hotel in Zürich. Aber er hat wenig Zeit: Er macht Interviews mit zwei TV-Stationen.
16.00 Uhr: Steiner ist wieder im Hotel. Er isst ein Sandwich und trinkt einen Apfelsaft.

Dann geht er ins Bett …
24.00 Uhr: Wir sind auf der Megaparty „Dance-X-plosion". Aber wo ist „Cool Man"? Er ist noch im Hotel.
00.15 Uhr: „Cool Man" und die Tänzer sind auf der Bühne. Die 3500 Besucherinnen und Besucher, 16 bis 18 Jahre alt, singen den Song „It's Cool Man". Sie finden „Cool Man" super und spitze! Drei Songs – dann ist Steiner wieder weg.
Im März ist er in Hamburg und Berlin, im April in Wien und Graz …

1. **Wer?** Wer ist „Cool Man"?
2. **Was?** Was macht Peter Steiner zu Hause / in Zürich / im Hotel / im Konzert?
   Was machen die Fans?
3. **Wann?** Wann ist das Konzert von „Cool Man"? Wann ist er in Berlin, wann in Wien?
4. **Wo?** Wo ist das Konzert? Wo ist Steiner im März/April?
5. **Wie?** Wie alt ist „Cool Man"? Wie alt sind die Besucherinnen und Besucher?
   Wie finden die Fans den „Alpen-Opa" Peter Steiner? Wie ist er auf der Bühne?
   Wie heißen die vier Tänzer?

sein	informieren	lesen	lesen	sein	dauern
machen	lesen		hören	hören	finden

Ü20

Indefinite/ definite articles
a) Complete the verbs.
b) Mark the nouns and articles.

1. Das **ist** ein Zeitungstext. Der Zeitungstext **informiert** über die „Young Gods".

2. Wir _____ jetzt einen Zeitungstext. _____ Sie den Text laut.

3. Das _____ ein Interview. Das Interview _____ zwei Minuten.

4. Max Lemper _____ ein Interview. Wir _____ das Interview in der Zeitung.

5. Wir _____ jetzt eine Band. Wie _____ Sie die Band?

SINGULAR	MASKULIN	NEUTRUM	FEMININ
NOMINATIV	**der** / **ein** Text	___ / ___ Interview	___ / _____ Band
AKKUSATIV	**den** / **einen** Text	___ / ___ Interview	___ / _____ Band

Ü21

a) Complete the table.
b) NOM and AKK: What is the same? What is different?

RULE

UNBESTIMMTER ARTIKEL	
NEUTRUM: Nominativ und Akkusativ sind gleich.	MASKULIN-FORMEN: Nominativ: _____
FEMININ: _____	⚠ Akkusativ: _____

c) Complete the rule.

1. Die „Young Gods" sind **eine** Rock-Band. **Die** Rock-Band kommt aus der Schweiz.

Ü22

Fill in the definite or indefinite article.

2. Die „Young Gods" geben _____ Konzert. Wie finden Sie _____ Konzert?

3. Die „Young Gods" machen _____ Welttournee. _____ Welttournee startet im April.

4. Das ist _____ Sänger. Wie heißt _____ Sänger?

5. Max Lemper macht _____ Interview. _____ Interview dauert zwei Minuten.

6. Dann schreibt er _____ Bericht. _____ Bericht steht im „Innsbrucker Stadtblatt".

Musik	Sampler	Schlagzeug	Sänger	Zeit	Rock-Musik
Jazz		Klavier	Volksmusik		Klassik

Ü23

Null-Artikel
Ergänzen Sie die Sätze.

1. Die „Young Gods" machen **Musik**. Alain spielt _____, Urs spielt _____,

Franz ist _____. Sie haben nie _____.

2. Christian hört gerne _____, aber _____ findet er nicht gut.

3. Mario spielt _____ in einer Jazz-Band. Die Band spielt auch _____.

3

6 Aussprache

Ü24
Matching exclamations

a) Match the exclamations with the pictures.

b) What would you say in English?

super! ah! oje! phantastisch! schade! ach! i! nanu! hurra! igitt! Spitze! oh!

Ü25
Feeling the vowels: playing with vowel sounds

a) Say the vowels out loud slowly. Say the sounds 1x, 2x …

b) Say the sounds rhythmically: loudly–softly / quickly–slowly.

a – e – i – o – u

Ü26

Long/short vowels

a) Mark the stressed vowels: __ long or . short.

b) Write down the word pairs.

Bremen Salzburg Basel Wuppertal Frankfurt
Bonn Prag

September April November Januar Oktober
Juni August

zehn sieben fünf elf acht

Bremen / elf
oh / Bonn
Wien / Spitze
. . .

Ü27
Discovering rules

a) Long or short?

b) Find other examples.

Wann spricht man den Vokal meist	lang?	kurz?	Beispiele:
– Vokal + h			zehn,
– Vokal + e			sieben,
– Vokal + 1 Konsonant			Bremen,
– Vokal + 2 Konsonanten			Bonn,
– Vokal + Vokal	X		Staat, Zoo

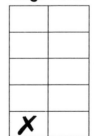

Learning Tip! Learning vocabulary: Always mark the accented syllable __ long or . short. Always say the words out loud.

RÜCKSCHAU

Ich und die Gruppe:	a)	b)
• Musik hören		
• über Musik sprechen		
• gemeinsam in ein Konzert gehen		

Ich und das Lernen:	a)	b)
• Ich höre Radio auf Deutsch.		
• Ich lese die Texte zu Hause laut.		
• Ich lerne die Wörter und Sätze.		

R1
a) Was machen Sie? Kreuzen Sie an.
b) Was machen Sie gerne? Markieren Sie: ++, +, −, − −.

A a)   b)
- über Musik sprechen
  Seite: _____
- Zahlen
  Seite: _____
- bestimmter/unbestimmter Artikel
  Seite: _____
- Informationen zu Personen
  Seite: _____

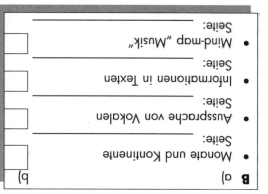

B a)
- Monate und Kontinente
  Seite:
- Aussprache von Vokalen
  Seite:
- Informationen in Texten
  Seite:
- Mind-map „Musik"
  Seite:
b)

R2
a) Find the pages in the textbook.

b) Markieren Sie: Das kann ich: ++, +, −, − −.
c) Notieren Sie: Lösungen vom Partner / von der Partnerin.

A

Kontinente auf _____ *ien* ?
Monatsnamen auf _____ *ber*, _____ *ar* ?

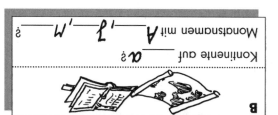

B
Kontinente auf ___ *a* ?
Monatsnamen mit *A*, *J*, *M* ?

R3
a) Notieren Sie Kontinente und Monatsnamen.
b) Fragen Sie, vergleichen Sie.
c) Fragen Sie, antworten Sie.

A
Telefon-Nummer von Christian?
Telefon-Nummer von Claudia?

Anna: Tel. 0 521/71 64 358
Tom: Tel. 759 23 44 01

B
Telefon-Nummer von Anna?
Telefon-Nummer von Tom?

Claudia: Tel. 219 56 78 90
Christian: Tel. 037/29 79 63

Sagen und verstehen:	ich	**Partner / Partnerin**
Monate und Kontinente		
Zahlen		

d) Bewerten Sie: ++, +, −, − −.

Anne-Sophie Mutter (*1963) kommt aus Rheinfelden im Süden von Deutschland. Mit 5 Jahren bekommt sie Violinunterricht. Mit 14 Jahren spielt sie mit den Berliner Philharmonikern. Mit 22 Jahren ist sie Professorin an der „Royal Academy of Music" in London. Heute ist sie international bekannt. Sie gibt Violinkonzerte in ganz Europa, Amerika und auch in Japan.
Es gibt viele CDs von Anne-Sophie Mutter. Sie spielt Musik von Mozart, Brahms, Schubert, Beethoven und Ravel.

R4
a) Lesen Sie den Text.
b) Stellen Sie Ihrem Partner / Ihrer Partnerin Fragen zu dem Text.
c) Antworten Sie.

Milena und Beatrix gehen in _____ Konzert. Anne-Sophie Mutter spielt _____ Violinkonzert No.1 von Mozart. Milena mag _____ Melodie. Beatrix hört lieber _____ Rock-Musik. Sie mag _____ Band „Take that". Sie findet _____ Sänger toll.

R5
Artikel
Ergänzen Sie.

1 Wie spät ist es?

 Ü1

Greetings/ taking leave, time of day, hour of the day

Hören Sie die Dialoge von A1 noch einmal und ergänzen Sie die Tabelle:
a) Wann? Wie spät?
b) Wie geht es den Leuten?

	Wann?	Wie spät?	Wie geht's?
Dialog 1			
Dialog 2			
Dialog 3			
Dialog 4			

 Ü2

Dialoge rekonstruieren

Ordnen Sie die Sätze: Nummerieren Sie.

Dialog 1:

1	Guten Abend, Max!
	Kurz nach zehn. 6
	Gut. Und dir? 3
	Gut, gehen wir, aber nicht zu lange. 7
5	Moment, wie spät ist es denn?
4	Ach, schlecht. – Gehen wir ein Bier trinken?
2	Hallo, Brigitte! Wie geht es dir?

Dialog 2:

1	Guten Tag, Frau Schröder.
7	Wie bitte?
3	Gut. Und Ihnen?
8	Kurz vor zwölf.
5	Übrigens, wie spät ist es?
2	Guten Tag, Frau Bauer. Wie geht's?
6	Fünf Minuten vor zwölf.
4	Gut, danke.

Ü3

Schreiben und spielen Sie Dialoge.

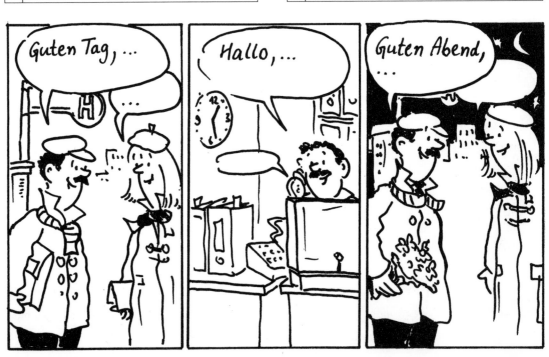

gpoken   _official_

acht Uhr	8.00	_acht Uhr_
	20.00	_zwanzig Uhr_
sieben nach acht	8.07	_acht Uhr sieben_
	20.07	_zwanzig Uhr sieben_
Quarter past 8	8.15	**acht Uhr fünfzehn**
Viertel nach acht	20.15	**zwanzig Uhr fünfzehn**
Halb nach acht	8.30	_acht Uhr dreißig_
	20.30	_zwanzig Uhr dreißig_
Viertel vor neun	8.45	_acht Uhr fünfundvierzig_
	20.45	_zwanzig Uhr fünfundvierzig_
acht vor neun	8.52	_acht Uhr zweiundfünfzig_
	20.52	_zwanzig Uhr zweiundfünfzig_

1. Viertel vor elf ☐ ☐ halb elf
2. fünf vor acht ☐ ☐ fünf nach acht
3. fünf vor halb neun ☐ ☐ fünf nach neun

4. fünf nach fünf ☐ ☐ 06.05
5. fünf nach sieben ☐ ☐ 15.07
6. drei Minuten vor drei ☐ ☐ 14.58

1. _____ 2. _____ 3. _____ 4. _____ 5. _____

Learning Tip! **Memorize the times: Look at clocks often, in the train station,**
on the street, in the bus, at home ... Say the time quietly to
yourself in German.

Ü7 2 Am Morgen ... am Mittag ... am Abend

Writing down a daily routine

a) Read the texts from A4 again and take notes.
b) Write down Brigitte Bauer or Max Lemper's daily routine.

Brigitte Bauer:

6.30 *der Wecker läutet*

6.38 *aufstehen*

7.00 _____

7.15 _____

7.21 _____

7.34 _____

7.45 _____

Max Lemper:

10.00 _____

11.30–12.30 _____

13.00 _____

16.00 _____

etwa 20.00 _____

24.00 _____

bis 2.00 _____

Ü8

Separable prefix verbs (1)

a) Markieren Sie Verb und Präfix wie im Beispiel.

	VERB		PRÄFIX	

das

when Wann [steht] Brigitte [auf] ? ●   ○ Um halb sieben.   *sie*

Steht sie gerne [auf] ? ●   ○ Nein!

Wann fährt der Bus in die Stadt [ab] ? ●   ○ Um 7 Uhr 21.

Und wann [kommt] sie im Büro [an] ? ●   ○ Etwa um 7 Uhr 45.

office

b) Notieren Sie die trennbaren Verben im Infinitiv.

INFINITIV:

auf⚡stehen   *abfahren*   *ankommen*

Ü9

Inseparable and separable prefix verbs

a) Markieren Sie.

Der Wecker (klingelt) um halb sieben. Brigitte Bauer [steht] nicht gerne [auf]. Sie (liegt) noch

einen Moment im Bett. Dann (steht) sie langsam (auf). Zuerst (duscht) sie. Danach (macht) sie   *Then* *S* *Adv*

das Frühstück. Um Viertel nach sieben (geht) sie (los). Sie (braucht) etwa fünf Minuten bis zum   *Adv*

Bus. Der Bus (fährt) genau um 7 Uhr 21 (ab). Um 7 Uhr 34 (kommt) er im Stadtzentrum (an).   *Adv* *Adv*

Da (steigt) sie (aus). Sie (geht) zur Post und dann ins Büro. Um Viertel vor acht (kommt) sie im   *then*

Büro (an). Sie (schaut) den Terminkalender an und plant den Arbeitstag.   *the work day*

b) Notieren Sie die Verben im Infinitiv.

klingeln   *auf⚡stehen*   *abfahren*

Ü10

Sentence brace

Write the sentences from Ü9 in the sentence brace.

	SATZKLAMMER		
Der Wecker	klingelt	um halb sieben.	
Brigitte Bauer	steht	nicht gerne	auf.
Sie	liegt	noch einen Moment im Bett.	
Dann	...	...	

Learning Tip! Learning vocabulary and grammar: Always write down the separable prefix verbs according to the same system, **e.g,** ~~auf~~ stehen . **Or:** auf/stehen, **or** <u>auf</u>stehen.

(13)

3 Im Büro

Ü11

Telefonieren

Ordnen Sie das Telefongespräch: Nummerieren Sie die Sätze.

	Auf Wiederhören, Frau Bauer.
	Und am Montag, den Dritten?
1	Dietrich.
	Und am Mittwoch, den fünften März?
	Der Termin am Dienstagvormittag geht leider nicht.
	Hallo, Herr Dietrich. Hier ist Brigitte Bauer, Contact AG.
	Am Fünften, da ist alles voll.
	Ja, das geht, am Nachmittag, Dienstag um 17 Uhr 30.
	Oh, das ist schlecht. Ich habe schon viele Termine die Woche.
10	Moment, Herr Dietrich! Sind Sie noch da? ...

Ü12

Dialog in an office

Schauen Sie den Kalender in A9 an und ergänzen Sie den Dialog.

Guten Morgen, Daniel! ● ○ Tag, Brigitte!

Wie _____ (1)? ● ○ Nicht _____ (2), und dir?

_____ (3), danke. Viel Arbeit! ●

Heute um _____ (4) Uhr kommt Herr Krug!
Danach habe ich etwa eine halbe Stunde Zeit für
Korrespondenz. Und um _____ _____ (5)
kommt schon Frau Zink. – Ach, hast du Zeit? Holst
du sie bitte am Bahnhof ab?

⏰	Montag	Dienstag	Mittwoch	Donnerstag	Freitag
08					
09		Müller AG	Seminar	Chefin	Korre
10					
11	Firma Schaaf			Flug-hafen	
12					Inge

○ Ja, das geht. Ich fahre erst

um _____ (6) weg.

Oh, hast du die Faxnummer von Frau Minder ● ○ Moment ... ja, da ist sie:

aus Halle? _____ (7).

Ü13
Datum

Lesen Sie laut. 10. 7. 1997 *zehnter Juli neunzehnhundertsiebenundneunzig!*

| 1. 5. 1996 | 8. 5. 1945 | 1. 8. 1291 | 9. 11. 1989 | 14. 7. 1789 | 10. 7. 1968 |
| 1. 1. 2000 | gestern | heute | morgen | 31. 12. 2010 | |

Ü14
Zahlen/Datum

a) Notieren Sie.
b) Fragen Sie Ihren Partner / Ihre Partnerin.

	ICH	Partner / Partnerin	Frage
Geburtsdatum ✳			Was ist dein Geburtsdatum? Wann hast du Geburtstag?
Glückstag ✿			Was ist dein ...?
Glückszahl ♞ 7			Was ist deine ...?
Glücks…			

4 Arbeit und Freizeit

Ü15
Hobbies

Work in groups. Which hobbies do you have? Write them down. Use the dictionary.

Ü16
Wochentage

Schreiben Sie die Wochentage.

MO: _____ DI: _____ MI: _____

DO: _____ FR: _____ SA: _____

SO: _____

Ü17

What do you do in your free time? Schreiben Sie.

Am Montag ...   manchmal ...
Am Wochenende ...
_____

Ü18

Zeit-Ausdrücke

Ordnen Sie die Ausdrücke.

> eine Nacht   eine Minute   ein Monat   ein Tag   ein Jahr   eine Stunde
> ein Wochenende   eine Sekunde   eine Woche

ein Jahr

eine Sekunde

make sentences

Ü19

Sorting words

What do you prefer to do alone?
What do you prefer to do with others?

> frühstücken   essen gehen   kochen   einkaufen   essen   wandern
> ins Kino gehen   Musik hören   etwas trinken gehen   in ein Konzert gehen

allein	*mit anderen*

Learning Tip! **Use your own system when writing down vocabulary.**
For example you could write down the words/expressions
grouped by place: zu Hause / im Kurs / im Büro / on the street / in
the cafe … **or by time:** aufstehen – duschen – frühstücken – losgehen …

(12)

Ü20

Inviting someone: Accepting/ declining an invitation

Spielen Sie eine Situation mit Ihrem Partner / Ihrer Partnerin.

① Sie kommen aus dem Kino.
Sie sind müde.
Sie möchten nach Hause.
Da kommt Ihr Freund.
Er möchte ein Bier trinken.

② Sie kommen aus dem Theater.
Sie haben Durst.
Sie möchten ein Bier trinken.
Da kommt Ihre Freundin.
Sie mag Bier nicht.

③ Sie sitzen zu Hause.
Sie lesen ein Buch.
Das Telefon klingelt.
Ein Freund / Eine Freundin lädt Sie
heute Abend ein. Ihre Freunde
kommen auch. Es gibt Spaghetti.

④ Sie sind im Büro.
Die Arbeit ist langweilig.
Sie haben viel Arbeit und keine Zeit.
Da kommt ein Kollege /
eine Kollegin.
Er/Sie möchte ins Café gehen.

> *Ich möchte dich einladen.*   *…ich bin müde.*   *Wohin gehen wir?*
>
> *Gehen wir ein Bier trinken?*   *Ja, gerne!*   *Nein, heute nicht.*
>
> *Gehen wir ins Café?*   *Hast du … Zeit?*   *Ich habe wenig Zeit!*
> *…ich mag Bier nicht.*

4

Learning Tip! Reading = noticing structure and signals → understanding the text structure:

- **Time signals:** etwa um zehn Uhr, eine Stunde …
- **Place signals:** ins Büro, im Café …
- **Structure words:** dann, dort, da …

> Max Lemper erzählt: „Normalerweise stehe ich etwa um zehn Uhr auf. Dann frühstücke ich eine Stunde und lese Zeitung. So um ein Uhr gehe ich ins Büro. Dort arbeite ich etwa drei Stunden: Ich schreibe Texte und telefoniere. Um vier Uhr haben wir Redaktionskonferenz. Da diskutieren wir die Themen und Artikel: Kultur, Sport, Politik

Ü21

Mark the structural signals in the text.

Am Samstag stehe ich normalerweise erst um acht Uhr auf. Zuerst dusche ich. Dann frühstücke ich und lese die Zeitung. Um zehn Uhr gehe ich zu Fuß in die Stadt. Im Zentrum kaufe ich ein. Danach esse ich in einem Restaurant. So um halb drei fahre ich mit dem Bus nach Hause.

Am Nachmittag lese ich oder sehe fern. Dann rufe ich Freunde an. Am Abend gehen wir manchmal ins Kino und danach noch in eine Disco.

Am Sonntag schlafe ich lange.

Ü22

Verben und trennbare Verben (2)

Ergänzen Sie den Text.

ankommen	anrufen	anschauen	schlafen	aussteigen
einkaufen	treffen	einladen	spielen	wegfahren	lesen	weggehen

„Heute Abend _____ (1) ich Freunde ein: Julia, Maria, Roberto und John. John kommt direkt aus England. Er fährt fünfzehn Stunden und _____ (2) am Nachmittag um 15 Uhr 27 am Bahnhof an. Dort _____ (3) ich ihn. Dann _____ (4) wir ein und kochen zusammen. Julia _____ (5) ich noch einmal an. Am Abend ist sie oft allein zu Hause und _____ (6). Oder sie _____ (7) einen Film im Fernsehen an. Roberto kommt immer zu spät. Er _____ (8) oft im Stadtzentrum aus und geht dann zu Fuß. So um 20 Uhr sind sicher alle da. Dann essen wir und diskutieren. Maria _____ (9) Gitarre, und wir singen. Zwischen Mitternacht und ein Uhr _____ (10) alle weg, nach Hause. – Und morgen ist Freitag, da _____ (11) ich sehr lange!"

Ü23

Nachtarbeit

Wann steht Frau N. auf? Wie lange … ? Notieren Sie die Uhrzeiten.

16.00 | aufstehen | fernsehen | zu Abend essen | losgehen | den Bus nehmen | zu Fuß gehen | arbeiten | Pause machen | Kaffee trinken | nach Hause gehen | einkaufen | zu Hause sein | duschen | schlafen gehen

SINGULAR	PLURAL
der / ein Tag	die / — Tag e
der / ein Brief	die / — Brief e

1	der/ein *der/ein* *das/ein*	*die / --e*

SINGULAR	PLURAL
das / ein Land	die / — Länd er
das / ein Haus	die / — Häus er

3	

Ü24
Singular und Plural
a) Compare the singular and plural forms. Mark the differences.
b) Write down the plural endings in the table.

SINGULAR	PLURAL
die / eine Sprach**e**	die / — Sprache n
die / eine Reis**e**	die / — Reise n

2a	
-e am Wortende	

SINGULAR	PLURAL	
der / ein Sänger	die / — Sänger	☐
das / ein Zeichen	die / — Zeichen	☐
der / ein Artikel	die / — Artikel	☐

4	*der/ein – er* *das/ein – en* *der/ein – el*	*die / –*	☐

SINGULAR	PLURAL
die / eine Zah**l**	die / — Zahl en
die / eine Zeitu**ng**	die / — Zeitung en

2b	
Konsonant am Wortende	

SINGULAR	PLURAL
der / ein Ballon	die / — Ballon s
das / ein Hotel	die / — Hotel s
die / eine Band	die / — Band s

5	Fremdwort (englisch, französisch)	

1 der Text der Dialog der Brief der Freund der Tag der Abend der Termin

2a die Sprache die Frage die Stimme die Adresse die Straße die Karte die Reise
die Woche die Stunde die Minute die Pause

2b die Zahl die Information die Möglichkeit die Zeitung

3 das Land das Haus

4 der Morgen der Wecker der Kalender der Computer der Sänger der Artikel
das Zimmer das Zeichen

5 das Hotel das Café das Festival das Interview das Büro das Kino die Band

Ü25
Wie heißt der Plural? Schreiben Sie.

Learning Tip! Always learn the article and plural form along with the noun:
der Tag, die Tage. **Say the forms out-loud. Always think about the rules for the plural 1–5 (Ü24).**

(14)

1. Brigitte Bauer arbeitet fünf Tage in der Woche. Am Vormittag und am Nachmittag hat sie viele Termine. Sie telefoniert und schreibt am Computer Briefe. Am Mittag macht sie zwei Stunden Pause. Nach der Arbeit kauft sie ein. Am Abend geht Brigitte ins Kino oder sie ruft Freunde an.

2. Milena hat eine Freundin: Beatrix van Eunen ist Holländerin. Milena und Beatrix sind im Café. Sie lesen die Karte und bestellen. Dann machen sie Pläne für einen Tag in Essen. Es gibt so viele Möglichkeiten! Milena möchte zuerst in die Stadt. Aber Beatrix möchte in die Kunstausstellung.

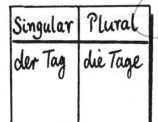

Ü26
a) Mark the nouns.
b) What is the singular? Plural form? Write them down.

5 Aussprache

 Ü27

Recognizing sounds

a) Are the two names the same „gleich"? Check the correct box.

b) Which sound do you hear?

Sie hören: *1. Heckmann – Heckmann*

	1.	2.	3.	4.	5.	6.	7.	8.
gleich	✗							
nicht gleich								

Sie hören: *1. Rieger*

	1.	2.	3.
[iː]	✗		
[ɪ]			

	4.	5.	6.
[eː]			
[ɛ]			

	7.	8.	9.
[ɑː]			
[a]			

	10.	11.	12.
[eː]			
[ɛː]			

 Ü28

Mark the stressed vowel: lang _ oder . kurz.

Tomate Kaffee Tee essen trinken Saft Pläne machen Kino gehen Tennis spielen Abend

spät Brief lesen Zahl zählen zehn Sätze bilden Text Akzent Vokal Melodie

Ü29

Word groups/ Reading texts out loud

a) Read the word groups out loud.
b) Write your own text. Read it out loud.

ganz lange schlafen▾   nicht aufstehen▾

Frühstück machen▾   im Bett essen▾

Toast mit Schinken essen▾

viel Tee trinken▾   Zeitung lesen▾

Musik hören▾   Pläne machen▾

am Abend ins Kino gehen▾

> *Sie schlafen ganz lange.*
> *Er (Sie) steht nicht ...*

 Ü30

[iː] und [eː]

a) Write the interrogatives.

b) Listen and say the sentences with the tape.

1. Heute ist Dienstag.   – Dienstag?   *Ist heute Dienstag?*
2. Eva steht um sieben auf.   – Um sieben? _____
3. Sie trinkt Tee.   – Tee?   _____
4. Sie hat viele Termine.   – Termine?   _____
5. Die Chefin kommt um zehn.   – Um zehn?   _____
6. Das ist der Kollege aus Schweden. – Aus Schweden? _____

Ü31

Reading a text out loud

Lesen Sie laut vor.

Eine Party.

Ich rede. Du redest. Er redet immer.

Sie redet. Sie redet laut. Sie redet sehr laut.

Wir reden. Ihr redet auch. Sie reden. Alle reden.

Worüber? – Über nichts.

Situationen:

- Tagesablauf beschreiben ☐
- Wochentage, Datum, Termine sagen ☐
- Jemanden einladen ☐

Grammatik/Aussprache:

- trennbare Verben ☐
- Plural von Substantiven ☐
- lange/kurze Vokale ☐

R1

Check-off those things you can do: ++, +, –, – –.

Ich und die Gruppe:

Ich treffe die anderen:

- am Nachmittag ☐
- am Abend ☐
- am Wochenende ☐

Ich und das Lernen:

- Ich spiele die Situationen aus dem Buch nach dem Kurs auf Deutsch. ☐
- Ich wiederhole die Wörter. ☐
- Ich wiederhole die Grammatik. ☐

R2

What do you do? Check it! ✓, –.

A

Das ist Ihr Terminplan. Notieren Sie noch 2 Termine:

	28 Mo	29 Di	30 Mi	
08			Dr. Kohl	
10	ARZT		Dr. Kohl	
12				
14	Tom anrufen	einkaufen		
16		vorbereiten		
18		TOM ♥ Essen!		

Sie laden **B** in ein Café ein. Suchen Sie einen Termin.
Sie beginnen.

B

Das ist Ihr Terminplan. Notieren Sie noch 2 Termine:

	28 Mo	29 Di	30 Mi	
08				
10				
12	Susanne	Tennis		
14				
16				
18	Joggen		Kino	

A lädt Sie in ein Café ein. Finden Sie einen Termin?
Ihr Partner / Ihre Partnerin beginnt.

R3

Making appointments

a) Role-play the situation with your partner.

Das können wir:	jemanden einladen	Tag und Uhrzeit sagen	Aktivitäten sagen
• Ich			
• Partner/Partnerin			

R3 (cont.)

b) Evaluate and check off.
++, +, –, – –.
c) Compare with R1.

Am Montag um 10.00 Uhr gehe ich zum Arzt. U__ 14.00 Uhr _____ ich Tom ____. A___ Di_____ um ha_____ drei gehe ich einkaufen. Um vi_____ Uhr bereite ich das Essen vor. Tom kommt et____ um sechs Uhr zum Essen. Am Mi_____ um Vi_____ nach acht treffe ich Dr. Kohl.

R4 🔑

Fill in the blanks. Use the weekly plan from A.

▶ Fragen Sie jemanden nach der Uhrzeit.
▶ Fragen Sie jemanden nach Plänen für heute Nachmittag/Abend.
▶ Machen Sie mit jemandem einen Termin.
▶ Was machen Sie heute? Machen Sie einen Plan. Schreiben Sie einen Text.
▶ Hören Sie Radio. Welche Uhrzeiten hören Sie? Notieren Sie alle Uhrzeiten.

Moment mal!

Ü1

Opinions

Read the text from A once again. What do the four people think? Select the phrases and put them in the table.

1 Der Sprachkurs

Radio hören   interessante Dialoge
fernsehen   nur Grammatik lernen
viele Spiele   Bilder   Musik hören
viel mit Deutschen sprechen
in kleinen Gruppen sprechen
über interessante Themen sprechen
viele Übungen machen   das deutsche „r"
deutsche Präpositionen   Regeln lernen
Aussprache üben   nicht zu lange Texte
Zeitung lesen

Deutsch: Was ist schwer?	Lernen:	guter Unterricht:	gutes Lehrbuch:
Präpositionen			

 Ü2

Mistakes

a) Correct the mistakes.

- Ein guteßr Unterricht hat viele Spiele und o interessante Dialoge.

Ich denke die Deutsche Präpisitionen sind sehr schwer. Das Deutsch "r" ist auch st nicht leicht zu sprechen.

Eine guttes Lehrbuch ist mit Bilder und nicht zu langen Texten

Ich lerne Deustch im Radio und im Fernseher. Ich spreche auch mit Deutschen Leuten.

Ich sehe fern und versuche die Zeitung lessen

Ich denke guter unterricht ist in kleinen gruppen sprechen über intressantes Temen.

b) Compare the texts and correct them again.

Ich lerne Deutsch beim Radiohören und Fernsehen. Ich spreche auch mit Deutschen.

Ein gutes Lehrbuch hat Bilder und nicht zu lange Texte.

Ich denke, guter Unterricht ist: in kleinen Gruppen über interessante Themen sprechen.

Ein guter Unterricht hat (zu einem guten Unterricht gehören) viele Spiele und interessante Dialoge.

Ich sehe fern und versuche, die Zeitung zu lesen.

Ich denke, die deutschen Präpositionen sind sehr schwer. Das deutsche „r" ist auch nicht leicht zu sprechen.

1. **Wo** machen die vier Personen einen Sprachkurs?
2. **Seit wann** lernen sie Deutsch?
3. **Woher** kommen Esther, Elena, Leslie, Anders?

4. **Warum** lernen sie Deutsch?
5. **Wie** lernen sie Deutsch?

Ü3

Questions and Answers

Answer the questions.

1. Am _____ in _____.
2. Seit _____.
3. Esther _____, Elena _____.
   Leslie _____)
   und Anders _____.
4. Leslie möchte _____.
   Anders braucht _____.
   Esther denkt, Deutsch _____.
   Elena meint, es ist sehr wichtig, _____
   _____
5. _____
   _____

1. Warum lernt ihr Deutsch?

für den Beruf ☐   in Wien studieren ☐
aus Spaß ☐   für die Zukunft ☐

2. Sprecht ihr auch andere Sprachen?

Japanisch ☐   Suaheli ☐
Russisch ☐   Englisch ☐
Norwegisch ☐   Spanisch ☐

3. Was ist besonders schwer am Deutschen?

Deklination ☐   Intonation ☐
Plural ☐   Artikel ☐
Aussprache „ch" ☐   Präpositionen ☐

4. Wie lernt ihr? Durch Sprechen, Lesen, Hören, Singen?

laut singen ☐   Cassetten hören ☐
ins Kino gehen ☐   mit Leuten sprechen ☐

5. Wie übt ihr? Wie lange am Tage und wie oft?

2-mal pro Woche fernsehen ☐
4 Stunden singen ☐
eine Stunde Hausaufgaben machen ☐
Texte laut lesen ☐

6. Was ist für euch guter Unterricht?

Dialoge spielen ☐
Videos anschauen ☐
Grammatik üben ☐
viele Spiele machen ☐

7. Wie sieht ein gutes Lehrbuch aus?

viele Bilder ☐
interessante Texte ☐
Lerntipps ☐
Testaufgaben ☐

Ü4

Interview

a) Listen to the interview from A3. Check off the answers you hear.

b) Choose a question: Discuss it with your partner. Take notes.

c) Report to the group.

2 Die Mediothek

Ü5

Fragen und Antworten

Lesen Sie die Fragen und ergänzen Sie die Antworten.

wollen – Unterricht – Film – hilft – informiert – Grammatik – sprechen – Bücher – Hören – ausleihen – Grammatik – Studenten – Problem – 13 Uhr – Cassetten – Lesen – sehen

1. Wann beginnt der Betrieb in der Mediothek? – Sofort nach dem _Unterricht_,

um _____.

2. Studenten kommen: Was machen sie? – Sie bringen _____ und _____

zurück.

3. Was wollen sie? – Sie _____ Bücher und Cassetten _____ oder

einen _____ ansehen.

4. Was macht Simone? – Simone _____, _____ und berät.

5. Was sagt sie? – Sie sagt: „Am Anfang denken die _____, dass die

_____ das größte _____ ist. Dann _____ wir

zusammen, und sie _____ dann, Deutsch ist nicht nur _____,

Deutsch ist auch _____, Sprechen, _____."

Ü6

Modal verbs: present tense

a) Mark all the verbs.

① **Cyrus** geht in die Mediothek. Was kann er dort alles machen? Er sagt: „Ich kann hier noch mehr Deutsch lernen, mit Zeitungen, Cassetten, Videos usw. Ich muss nur meinen Ausweis mitbringen; dann kann ich auch Bücher und Cassetten ausleihen."

② **Anders** will mit einem Computer-Programm lernen. Er kann das Programm in der Mediothek ausleihen; aber er darf es nicht mit nach Hause nehmen. Er muss am Computer in der Mediothek arbeiten.

③ Wie soll **Elena** Deutsch lernen? Soll sie nur Grammatik lernen? Die Mediothekarin sagt, sie soll auch viel Deutsch hören, lesen, sprechen und schreiben.

④ **Viktoria** und **Mario** mögen Musik. Viktoria sagt: „Ich mag klassische Musik sehr gern." Mario mag auch Rock-Musik.

b) Collect the verbs and complete the table.
c) Mark the endings and compare them to „suchen".

	können	wollen	müssen	dürfen	sollen	mögen	suchen
ich							such**e**
du	kannst	willst	musst	darfst	sollst	magst	such**st**
er es sie							such**t**

SATZKLAMMER			
1	**2**	**3** ...	**ENDE**
Die Studenten	können	in der Mediothek Deutsch	lernen.
Sie	müssen	ihren Ausweis	mitbringen.

MODALVERB: Position _____

VERB (INFINITIV): _____

Ü7

Modalverb/Verb: Satzklammer

a) Read the sentences in the table.
b) Complete the rule.

1. Leslie – in die Mediothek – gehen – will
2. was – sie – machen – in der Mediothek – kann
3. Bücher – sie – ausleihen – kann
4. muss – ihren Ausweis – sie – mitbringen
5. sie – Deutsch lernen – will – mit einem Computer-Programm
6. das Programm – ausleihen – sie – kann
7. wie – Deutsch – lernen – sollen – die Studenten
8. viel hören, lesen, sprechen und schreiben – sollen – sie

Ü8

Write the sentences down in the correct order. Read them out loud.

1. Leslie will in die Mediothek gehen.
2. Was ...

	richtig	falsch
1. Die Studenten können am Vormittag in der Mediothek arbeiten.		
2. Circa 160 Studenten kommen regelmäßig in die Mediothek.		
3. Die Studenten arbeiten eine bis fünf Stunden in der Mediothek.		
4. Die Studenten denken, die Grammatik ist das größte Problem.		
5. Simone hat Probleme mit dem Passiv.		
6. Simone sucht mit den Studenten Material.		

Ü9

Interview

Listen to the interview from A7 again and check-off the correct answers.

1. Wie viele Studenten lernen an Ihrem Institut?
2. Wann beginnen die Kurse?
3. Wie lange dauern die Kurse?
4. Wie viele Teilnehmer/Teilnehmerinnen haben die Kurse etwa?
5. Wie viele Stunden Unterricht haben Sie in der Woche?
6. Haben Sie auch eine Mediothek?
7. Wenn ja: Was können Sie in der Mediothek machen?

Ü10

Your language class

a) Write down the informations.
b) Give a report.

1. das Buch ——— die Zeitschrift ——— ~~das Video~~ ——— die Zeitung
2. der Film ——— das Video ——— das Bild ——— das Computer-Programm
3. informieren ——— ausleihen ——— beraten ——— helfen
4. der Kurs ——— der Unterricht ——— das Fernsehen ——— das Lehrbuch
5. suchen ——— ausleihen ——— zurückbringen ——— dauern

Ü11

Wort-Reihen

Welches Wort passt nicht? Streichen Sie.

Ü12

Modalverben: Bedeutung

a) Read the sentences out loud.
b) Use your dictionary.

1. ● **Kann** ich in Bremen einen Sprachkurs besuchen?
   ○ Ja, es gibt dort viele Spracheninstitute.

   Möglichkeit

2. ● **Können** Sie den Mann im Büro verstehen?
   ○ Nicht so gut, er spricht zu schnell.

   Fähigkeit

3. ● Ich möchte in Deutschland studieren.
   ○ Dann **müssen** Sie Deutsch lernen.

   Notwendigkeit

4. ● Ich **will** auch meine Aussprache verbessern.
   ○ Wir haben einen speziellen Phonetikkurs.

   Wille/Absicht

5. ● **Darf** ich hier rauchen?
   ○ Ja, hier im Büro **dürfen** Sie rauchen.

   Erlaubnis

6. ● Und in den Kursräumen?
   ○ Da **dürfen** Sie **nicht** rauchen.

   Verbot

7. ● Frau Lövis sagt, ich **soll** das Formular hier abgeben.
   ○ Ja, danke.

   Auftrag/Rat

8. ● Möchten Sie einen Kaffee?
   ○ Gern, ich **mag** Kaffee sehr.
   (Nein danke, ich **mag** Kaffee **nicht**.)

   Vorliebe/ Abneigung

Ü13

Ergänzen Sie die Dialoge ① – ③.

①

Mögen Sie eigentlich klassische Musik? ● ○ Ja, sehr!

Und _____ Sie auch ein Instrument spielen? ● ○ Nein, leider nicht. Aber ich _____

ganz gut singen!

②

Sag mal, was _____ die Studenten denn in ● ○ Nur ihren Ausweis.

die Mediothek mitbringen?

Und _____ sie in der Mediothek rauchen? ● ○ Nein, da ist Rauchen verboten.

Was macht denn dort die Leiterin? ● ○ Simone berät die Studierenden:

Sie _____ viel Deutsch hören

und lesen. Und beim Sprechen und

Schreiben _____ sie ruhig

Fehler machen.

Und wie geht's Cyrus im Sprachkurs? ● ○ Er lernt gern in der Gruppe. Aber er

_____ nicht am Computer arbeiten.

③

● Entschuldigung, geht's hier zum Goethe-Institut?

○ Tja, das ist ein Problem: Die Straße hier

geradeaus _____ Sie nicht fahren.

Sie _____ also nach rechts abbiegen.

Sehen Sie das blaue Schild? An der Straße

_____ Sie aber nicht parken!

● Und _____ ich denn nicht direkt am Goethe-

Institut parken?

○ Doch, das geht. Da ist ein großer Parkplatz.

3 Das Sommerfest

Essen und Trinken	Musik	Aktivitäten
Kaffee	Bremer Streich-quartett	

Ü14
Fest-Programm
Study the program in A10. Put the items in order.

1. Kaffee, Tee und Kuchen gibt es ab _____ im_____.

2. Im _____ gibt es von 16 Uhr bis _____ einen _____.

3. Die Tombola beginnt um _____. Die Gewinne gibt es ab ca. _____

   im _____.

4. Es gibt auch viel Musik:

• Von _____ bis _____ spielt das Bremer _____.

• Thailändische Musik gibt es von _____ bis _____ in Raum _____.

• Von 19 Uhr bis 20 Uhr gibt es _____, _____ und _____.

• Tanzmusik spielt die Big Band von _____ bis _____ im _____

   oder in Raum _____.

• Und ab 22.00 Uhr: Disco!

Ü15
Was? Wann? Wo?
Ergänzen Sie den Text.

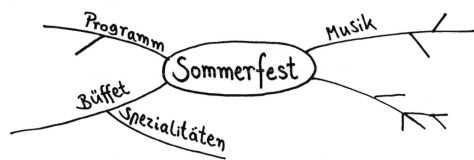

Ü16
Mind-map
a) Collect words and expressions. Which words do you hear?
b) Complete the mind-map.

Learning Tip! Before you listen to a text or a song make a "Wort-Igel", a "mind-map" or a "word-web". Write down the words and expressions which fit the theme.

5

Ü17
Eine Kurs-Party organisieren

Diskutieren Sie die Fragen und sammeln Sie Fest-Ideen.

Wer kommt zur Party?
Wo können wir die Party machen?
Wann machen wir die Party?
Was wollen wir machen?

Lehrer/in, Gäste, ein anderer Kurs, …?
Kursraum, Aufenthaltsraum, Garten, …?
vormittags, abends, am Wochenende, …?
Essen: Büffet, Spezialitäten (international), …
Getränke: Kaffee, Tee, Cola, Bier, …
Musik: Disco, internationale Folklore, …
Spiele, Theater, …
Essen, Getränke, …

Ja!

Wer bezahlt was?
Sollen wir Einladungen schreiben?
Sollen wir Plakate machen?
Sollen wir den Kursraum dekorieren?
Sollen wir ein Programm schreiben?
…

Nein!

Ü18
Who's doing what?

a) What would you like to do or bring? Write it down.

Ich kann gut malen.
Ich möchte ein Plakat machen.
Ich koche gern. Ich bringe … mit.

b) Make a list and hang it up in the room.

Was?	Wer?	Wo: im Unterricht?	zu Hause?
Einladungen Spiele	Liisa, Mehmet, …	X X	X

Ü19
A poem

a) Write down the letters in correct order: What is the title?

b) Ask others in the course: What is the title in other language?

c) What would you like to do together?

(R) und auf Französisch
PAIX
und auf Russisch
MIR
und auf Hebräisch

(E) und zusammen leben, damit wir leben."

(F) „Bloß keinen Zank und keinen Streit!"
Das heißt auf Englisch ganz einfach
PEACE

(E) Oder:
„Du, komm, lass uns zusammen spielen, zusammen sprechen,

(I) SHALOM
und auf Deutsch
FRIEDE.

(D) zusammen singen, zusammen essen, zusammen trinken

1. **F**   2. ____   3. ____   4. ____   5. ____   6. ____

4 Aussprache

a) Beispiel: Sie hören *1. Kohlmann*

	1.	2.	3.	4.	5.	6.	7.	8.
[oː] / [ɔ]	✗							
[uː] / [ʊ]								

Ü20

Laute unterscheiden

a) „o" oder „u"? Kreuzen Sie an.

b) Vokal: lang oder kurz? Kreuzen Sie an.

b) Beispiel: Sie hören *1. Scholler*

	1.	2.	3.	4.	5.	6.
[oː]						
[ɔ]	✗					

	7.	8.	9.	10.	11.	12.
[uː]						
[ʊ]						

a) Kurs   besuchen   Gruppe   Sommerfest   Kuchen   Tombola   Monat   Juni   Juli
August   Oktober   Woche   Montag   Sonntag   Stunde   kommen   vorbereiten   toll

Ü21

a) Der Akzentvokal: _ lang oder . kurz? Markieren Sie.

b) Notieren Sie Wortpaare. Lesen Sie laut.

b)

[oː] – [ɔ]	[uː] – [ʊ]
Monat – Tombola ...	*besuchen* – ...

Deutsch	Englisch	Französisch	Ihre Sprache
Institut • • ●	institute ● • •	institut • • ●	_____
Information	information	information	_____
Hotel	hotel	hôtel	_____
Grammatik	grammar	grammaire	_____

Ü22

Wortakzent

Markieren Sie den Wortakzent. Vergleichen Sie.

A   Kommen auch Gäste zum Sommerfest?

B   Kommen viele Gäste zum Sommerfest?

C   Was interessiert dich?

D   Tragen alle Gäste Festkleider?

E   Was möchtest du trinken?

F   Was isst du?

G   Ich finde das Fest wunderbar!

1   Ich nehme ein Bier.

2   Ja, es ist toll!

3   Ja, ungefähr hundertfünfzig.

4   Ich nehme eine Spezialität aus Texas.

5   Ja, und die Studenten aus dem Kurs.

6   Ich möchte gern die japanische Musik hören.

7   Nein, nur einige tragen Festkleider.

A _5_   B___   C___   D___   E___   F___   G___

Ü23

Satzakzent

a) Hören Sie die Fragen A–G und lesen Sie mit.
b) Hören Sie noch einmal und markieren Sie den Satzakzent.
c) Ordnen Sie zu: Frage – Antwort.

d) Hören Sie Fragen und Antworten. Vergleichen Sie.

R1

Das kann ich:
++, +, −, −−.

Das kann ich auf Deutsch:

- Über das Deutsch-Lernen sprechen:
  - Wo und warum?
  - Wie und warum?
- Informationen zum Lernen verstehen

Grammatik:

- Modalverben im Präsens
- Modalverben im Satz
- Modalverben: Bedeutung

R2

a) Introduce the people. Use the information.

A

Nadine, Frankreich
- Deutsch für den Beruf
- Sprachkurs
- jeden Vormittag 4 Stunden
- *Möglichkeit:* am Nachmittag Mediothek
- Mediothek: Cassetten, Videos

B

János, Ungarn
- Freundin ist Deutsche
- Sprachkurs
- Montag und Mittwoch, 18.00–20.00 Uhr
- hört viel Radio
- *Notwendigkeit:* viel Deutsch sprechen

A

Antonio, Italien
- Freunde in der Schweiz
- lernt allein
- Buch, Cassetten
- jeden Sonntag Radio
- *Wille/Absicht:* Freunde besuchen

B

Amanda, USA
- lebt in Österreich
- Zeitungen, Radio
- lernt mit Freundin Deutsch / Freundin lernt Englisch
- *Vorliebe:* Deutsch sprechen

A

Eva, Schweden
- lebt in Deutschland
- Sprachkurs
- jeden Tag, 14.00–17.00 Uhr
- jeden Sonntag Radio
- *Notwendigkeit:* viel lernen

B

Carlos, Spanien
- Deutsch für den Beruf
- Sprachkurs
- jeden Tag, 8.30–15.30 Uhr
- *Appell/Rat:* viel hören
- Kino

b) Evaluate:
++, +, −, −−.

c) Compare with R1.

Das kann mein Partner / meine Partnerin … / Das kann ich …

- Sagen, wo und wann jemand Deutsch lernt.
- Sagen, wie und warum jemand Deutsch lernt.
- Modalverben benutzen

Partner(in)	ich

R3

Write about the people. Use the information from R2.

Nadine kommt aus Frankreich. Sie …

R4

Ergänzen Sie den Text.

Yves ist 23 Jahre alt und kommt aus Paris. Er bes_ _ _ _ einen Sprachk_ _ _. Yves le_ _ _ Deutsch f_ _ den Be_ _ _. Yves ka_ _ nur a_ Abend ei_ _ _ Kurs besu_ _ _ _. Der Ku_ _ ist a_ Mon_ _ _ und Donne_ _ _ _ _ von 17 b_ _ 19 Uhr. A_ Dienstag arbe_ _ _ _ er i_ der Medio_ _ _ _. Er ka_ _ mit Cass_ _ _ _ _ arbeiten.

Sprachen lernen

1 Lernen: wann, wo, wie?

Das mache ich ...	jeden Tag	2× / Woche	1× / Woche	kaum	nie
die Cassette hören					
Wörter schreiben					
Wörter lernen					
deutsche Texte lesen					
Grammatik üben					
Aussprache üben					
deutschsprachiges Fernsehen sehen					
...					

Ü1
Lern-möglichkeiten
Wie oft lernen Sie Deutsch?
a) Kreuzen Sie an und ergänzen Sie.
b) Vergleichen Sie.

	Gemeinsam mit seiner italienischen Frau Giovanna sieht Herbert italienisches Fernsehen.
	Im Auto hört er die Cassette aus seinem Sprachkurs.
	Er blättert italienische Zeitungen und Zeitschriften durch und liest einen Artikel.
1	Herbert Rathmeier besucht den Italienischkurs nicht regelmäßig.
	Zu Hause hört er italienisches Radio und nimmt manchmal etwas auf Cassette auf.
	Einmal im Monat fahren Giovanna und Herbert nach Italien.
	Beim Lesen schlägt er im Wörterbuch nach.

Ü2
Putting statements in order
Listen to the interview from A2. In which order do you hear the statements? Number them.

Ü3
Talking about learning
How can you learn German in these situations? What do you like to do?

6

Learning Tip! Write down a study plan every week: What / How long / Where — do you want to study?

Ü4

A Schedule

When are you studying German this week? What are you doing? How long? Where?

Montag	Dienstag	Mittwoch	Donnerstag	Freitag	Samstag	Sonntag

2 Lerntechniken

Ü5

Habits

a) Which statements apply to you? Check them off.
b) Ask your partner. Kreuzen Sie an.

	Sie	Ihr Partner / Ihre Partnerin

1. Ich arbeite gern mit Kolleginnen und Kollegen in einer Gruppe zusammen.

2. Ich spreche nicht gern in der Klasse. Ich bin nicht so schnell und ich möchte keine Fehler machen.

3. Im Unterricht lerne ich gern mit dem Lehrbuch. So lerne ich auch zu Hause.

4. Grammatikübungen und Tests sind für mich leicht. Das mache ich gern und ich mache kaum Fehler.

5. Ich lese einen Text und möchte immer jedes Wort verstehen.

6. Ich spreche viel und gern. Und ich möchte auch im Unterricht viel sprechen.

7. Ich sehe gern deutschsprachige Videofilme und Fernsehprogramme.

Ü6

Which description fits you? Mark the sentences in the text which apply to you.

So oder **so?**

Sie wollen immer alles ganz genau und richtig machen.
Vielleicht machen Sie die folgenden Dinge gern: Grammatik üben, Aussprache üben, Wörter notieren und lernen?
Diese Dinge machen Sie manchmal in der Klasse und oft allein.

Sie unterhalten sich gern mit Leuten, und Sie lernen dabei die Sprache sehr leicht.
Manchmal glauben Sie, Sie lernen nichts richtig und genau. Dann üben Sie kurz Grammatik und lernen Wörter.
Aber Sie machen das nicht gern. Und Sie machen es nicht lange.

Ü7

a) To what do you want to pay attention?
b) Compare with your partner.

Ich

möchte
können
dürfen
müssen
wollen

einen Zeitplan zum Lernen machen

auf Fehler achten

Möglichkeiten zum Sprechen suchen

Fehler nicht zu wichtig nehmen

die Lehrerin / den Lehrer fragen

gemeinsam mit anderen lernen

_____

Ü8

Im Kursraum

Sehen Sie das Bild, Lehrbuch S. 37, an.
Ergänzen Sie die Wörter in der richtigen Form.

| der Teilnehmer | die Teilnehmerin | richtig | die Gruppe | der Prospekt |
| das Wort | die Lehrerin | die Schere | schreiben | das Papier | der Satz |

Deutschkurs: Die _____ (1) bringt Zeitungen, Magazine und Prospekte. Die _____ (2) und _____ (3) arbeiten gemeinsam in einer kleinen _____ (4). Inci, Akemi und Ismail arbeiten gemeinsam. Akemi hat einen _____ (5) in der Hand. Sie sucht etwas. Inci hat in der linken Hand eine _____ (6) und in der rechten Hand ein Stück _____ (7). Sie zeigt etwas. Ismail hat einen Stift. Was will er _____ (8)? Sie schneiden Bilder und _____ (9) aus. Aus den Wörtern machen sie _____ (10). Die Sätze sollen zum Bild passen und grammatisch _____ (11) sein.

1. Was heißt das, bitte?
2. Entschuldigung, ich habe das nicht verstanden.
3. Kann man das auch so sagen: …?
4. Wie kann ich das gut lernen?
5. Können wir jetzt Pause machen?

6. Ist das gut so?
7. Ist das wichtig?
8. Warum ist das falsch?
9. Können Sie das bitte anschauen/korrigieren?
10. Warum machen wir das?

Ü9

Questions for the classroom

a) Which questions do you find important?
b) Write down the most important three questions for you.

_____

_____

_____

Ü10

Talking about other students

a) True or false? Put a check in the box.

	richtig	falsch
1. Ismail möchte Deutsch verstehen.		
2. Inci hat wenig Möglichkeiten zum Sprechen.		
3. Hamide hat keine Freunde in Österreich.		
4. Akemi spricht mit ihrem Mann Japanisch.		
5. Salih spricht mit seinen Kollegen immer Deutsch.		
6. Gordana muss Deutsch lernen. Sie mag aber nicht.		

1. *Akemi* : „Ich möchte nur wenig Fehler machen."

2. _____ : „Ich muss auch in der Schule Deutsch lernen, aber ich mache es nicht gern."

3. _____ : „Ich höre und spreche bei der Arbeit und zu Hause nur Türkisch."

4. _____ : „Ich muss bei meiner Arbeit auch auf Deutsch schreiben. Das will ich lernen."

5. _____ : „Ich habe eine Freundin aus Österreich. Aber meine Familie spricht nur Türkisch."

6. _____ : „Ich bin Flüchtling und lebe und arbeite in Österreich."

b) Listen to the text again. Which sentences are about which people?

Ü11

Dative after prepositions: singular

a) Mark the prepositions and the articles in the text.
b) Write the dative forms in the table.
c) Compare the dative forms with the nominative and accusative. Mark the differences.

Yilmaz kommt aus der Türkei. Er ist seit einem Monat hier; deshalb wohnt er noch bei einem Freund. Heute fährt er mit dem Fahrrad zum (= zu dem) Deutschkurs. Den Kurs besucht er seit einer Woche. Nach einer Stunde kommt er vom (= von dem) Kurs zurück. Er ist müde.

▶ PRÄPOSITIONEN + DATIV: aus, bei (beim), mit, nach, von (vom), seit, zu (zum/zur)

SING.	MASKULIN: Monat, Freund, Kurs	NEUTRUM: Fahrrad	FEMININ: Schule, Woche, Stunde
NOM	der / ein	das / ein	die / eine
AKK	den / einen	das / ein	die / eine
DAT	____ / _____	____ / _____	____ / _____

 Ü12

Answer the questions. You can look up answers in the table.

1. Woher kommt Yilmaz? Aus d_____ (die Türkei)

2. Seit wann ist er hier? Seit e_____ (die Woche / der Monat)

3. Wo wohnt Yilmaz? Bei e*inem*_____ (der Freund)

4. Womit arbeiten Sie im Kurs? Mit e_____ (das Buch / die Cassette)

5. Woher kommen Sie gerade? Vom_____ (der Kurs / ...)

   Von d_____ (die Arbeit / ...)

6. Wohin gehen Sie jetzt? Zur_____ (die Volkshochschule / ...)

   Zum_____ (das Goethe-Institut / ...)

7. Wann gehen Sie nach Hause? Nach d_____ (der Kurs / die Arbeit / ...)

 Ü13

Dative after prepositions: plural

a) Markieren Sie Präpositionen im Text.
b) Notieren Sie die Dativ-Formen in der Tabelle.
c) Vergleichen Sie DAT mit NOM und AKK: Was ist anders? Markieren Sie.

Die Kursteilnehmer haben Zeitungen und Prospekte. In den Zeitungen und in den Prospekten suchen sie zusammenpassende Wörter und Bilder.
Aus den Wörtern machen sie korrekte Sätze mit einem Modalverb und mit einem Verb.

	ARTIKEL	PLURAL		
NOM AKK	} die / ■	Prospekte	Wörter	Zeitungen
DAT	___ / ■	Prospekt____	Wört____	Zeitung____

Learning Tip! The dative can also come after the prepositions *an, auf, in*. In answer to the question: Wo? → Ort
Information on prepositions: Textbook Unit 6, p. 40; Unit 10, pp. 70–71; and Unit 12, pp. 84, 86–87.

„Ich besuche einen Sprachkurs, zweimal (1) *in der* Woche.

(2) _____ _____ Kurs arbeiten wir (3) _____ _____ Lehrbuch,

(4) _____ _____ Arbeitsbuch und (5) _____ _____ Cassetten.

(6) _____ _____ Lehrbuch sind Texte, Bilder und Fotos.

Wir lesen und hören (7) _____ Texte, wir schauen (8) _____ Bilder

und (9) _____ Fotos an.

Zu Hause lerne ich auch oft: Ich lese noch einmal die Texte

(10) _____ _____ Büchern. Und ich höre noch einmal die Dialoge

(11) v_____ _____ Cassette.

(12) _____ _____ halben Stunde mache ich (13) _____ Pause

und höre Musik. (14) _____ _____ Pause mache ich noch

Übungen (15) _____ Arbeitsbuch.

| die Woche |
| der Kurs, das Lehrbuch |
| das Arbeitsbuch, die |
| Cassetten (Plural) |
| die Cassette (Singular) |
| die Stunde, die Pause |
| in / mit / von / nach |

Ü14

Ergänzen Sie die Präpositionen und die Artikel im Text.

1. Wo**mit** können Sie lernen? (→ **mit**)   – *mit* Cassett *en* , _____ Büch_____,

 _____ Bild_____, _____ … _____

2. Wo**bei** können Sie lernen? (→ **bei**)   – _____ Radiohören, _____ Fernsehen, _____ …

3. **Wo** können Sie lernen? (→ **an, in**)   – _____ e_____ Goethe-Institut,

 _____ e_____ Volkshochschule,

 i____ _____ Sprachkurs, _____ _____ …

4. **Mit** wem können Sie sprechen? (→ **mit**)   – _____ _____ Lehrer, _____ _____ Lehrerin.

Ü15

Beantworten Sie Fragen zum Sprachen-Lernen: Notieren Sie Präpositionen, Artikel (und Endungen).

3 Lerntipps

_____ Sie sucht die Wörter aus ihren Notizen auf den Bildern.

_____ Sie zeichnet auch oft ein Bild für ihre neuen Wörter und nimmt wieder diese Farben.

_____ Dann malt sie die Wörter und die Bilder mit der gleichen Farbe an.

1 Giovanna schaut nach dem Kurs die Bilder im Lehrbuch noch einmal an.

_____ Daneben hat sie ihre Notizen aus dem Unterricht.

_____ Wörter und Bilder mit dem Artikel „der" macht sie blau. Wörter und Bilder mit „die" rosa, Wörter und Bilder mit „das" gelb.

Ü16

Sätze zu einem Text ordnen
Nummerieren Sie die Sätze.

überlegen zufrieden
ein Kugelschreiber allein arbeiten
schreiben (Wai) im Sprachkurs
auf dem Tisch
liegen Hefte das Lehrbuch
ein Wörterbuch

Ü17

Ein Foto beschreiben
Was sehen Sie auf dem Foto? Beschreiben Sie.

Ü18
About Memory
a) Mark all the verbs in the text.
b) Find another title for the text.

Behalten und Vergessen

Viele Lerner können Wörter und Informationen mit einem Bild gut behalten. Bilder und Grafiken bleiben gut im Gedächtnis. Man vergisst sie nicht so schnell. Welche Informationen können Sie gut verstehen und behalten?

Beim Lernen mit	behalten wir
Ohr: Hören	20 Prozent
Auge: Sehen	30 Prozent

Beim Lernen mit	behalten wir
Mund: Sprechen	70 Prozent
Händen: eigenes Tun	90 Prozent

Oder:

Wir behalten:

20% von dem, was wir hören   **30% von dem, was wir sehen**   **70% von dem, was wir selber sagen**   **90% von dem, was wir selber tun**

(Nach: Günther Beyer, *Gedächtnis- und Konzentrationstraining*)

---

(17)   **Learning Tip! Pictures help you to learn vocabulary. Draw your own pictures.**

Ü19
Im Klassenzimmer
Zeichnen Sie die Dinge (mit einem Bleisitft).

das Buch	das Heft	das Blatt	die Tafel
der Kugelschreiber	der Bleistift	der Radiergummi	das Lineal
der Tisch	der Stuhl	die Schultasche	die Schere

der ...　der ...　das ...　das ...　die ...　die ...

Ü20

Artikel-Wörter:
„ein-" / „kein-"

ein　kein Kugel-

Bleistift　schreiber _____

a) Ergänzen Sie.

1. Ich brauche/möchte **keinen** Kugelschreiber; ich brauche/möchte **einen** Bleistift!

2. _____

3. _____

b) Schreiben Sie Sätze wie im Beispiel.

SINGULAR	MASKULIN	NEUTRUM	FEMININ
NOMINATIV	ein / kein	_____	_____
AKKUSATIV	_____	_____	_____

c) Ergänzen Sie die Tabelle aus a) und b).

Ist das	ein-	(der) Freund / (die) Freundin / (der) Computer / (das) Buch
Hast du	kein-	(die) Zeitung / (der) Fernseher / (das) Wort / (der) Satz
Möchten Sie		(die) Cola / (das) Bier / (die) Pizza / (das) Sandwich
		(der) Kaffee / (der) Tee mit Zitrone / (das) Wasser

? Ja. Nein. Doch!

Ü21

Fragen Sie und antworten Sie.

Ü22

Possessivartikel
„mein-",
„dein-", ...

a) Spielen Sie Dialoge wie im Bild.

Sind das eure Bücher?

Hallo, sind das eure Stifte?

Nein, das sind nicht unsere! Gehören sie Anna?

Nein, unsere sind das nicht. Vielleicht ihre?

Ist das deine Tasche?

Ja, meine!

Ja, das sind bestimmt ihre Stifte!

Ist das dein PC?

Ja! Aber ist das ...

6

b) Ergänzen Sie die Possessivartikel in der Tabelle.

PERS. PRON.	POSSESSIVARTIKEL	NOMINATIV Das ist …	AKKUSATIV Hast du … ?	DATIV Wir arbeiten mit … .
ich	… *mein-*			
du	… _____			
Sie	… _____	– – Recorder	– en Recorder	– em Recorder
er/es	… _____	– – Buch	– – Buch	– em Buch
sie	… _____	– e Cassette	– e Cassette	– er Cassette
wir	… _____			
ihr	… _____			
sie	… _____			

c) Lesen oder schreiben Sie Sätze. Benutzen Sie die Tabelle.

„Das ist mein Recorder." …	„Hast du meinen Recorder?" …	„Wir arbeiten mit meinem Recorder." …

Ü23

a) Ask your partner.
b) Write 7 questions and answers.

Wo ist Suchen Sie Suchst du Sucht ihr Sucht er/sie Suchen sie	mein- dein- Ihr- sein- ihr- unser- eu(e)r-	Tasche / Heft / Bleistift / Füller / Lineal / Radiergummi / Buch / Cassette / CD / Zeitung / Federmäppchen / Wörterbuch / Klassenzimmer / Kursraum / Büro / Ausweis / Gitarre / Stuhl / Tisch / Freundin / Freund / Lehrer / Lehrerin
Was suchst du?	Mein-	

Da!
Hier!

Ich weiß nicht.

Ja.
Nein.

Ü24

Ergänzen Sie den Dialog.

1. Hallo, Jeanne, kommst du zu u_____ Fest? – Ja, ich komme mit m_____ Freund.

2. Die Party findet in m_____ Schule statt. – Ist das nahe bei d_____ Wohnung?

3. Nein, aber nicht weit von eu_____ Institut. – Super! Dann kommen sicher viele Freunde direkt von i_____ Kurs zu eu_____ Fest!

Ü25

Summary of articles

Compare the table:
a) NOM – AKK,
b) NOM – DAT.

NOMINATIV	Das ist	ein- / kein- / mein- / dein-	– – Recorder. – – Buch. – e Cassette.
AKKUSATIV	Hast du	ein- / kein- / mein- / dein-	– en Recorder? – – Buch? – e Cassette?
DATIV	Lernen kann man auch mit	ein- / kein- / mein- / dein-	– em Recorder. – em Buch. – er Cassette.

6

Daniela	Teresa	Michael

Ü26
Putting statements in order

a) Listen to the text A10 again. What do you understand? Write it down.
b) Complete the table in your group.

| Lernen | nicht zu viel | gemeinsam | können | oft | Grammatik |
| wiederholen | Zeitplan | machen | verstehen | üben | Pause |

Ü27
Lerntipps ergänzen

Ergänzen Sie den Text.

Tipp 1: Planen Sie Ihr _____: Was wollen Sie genau lernen oder

_____? Machen Sie für sich einen _____.

Tipp 2: Lernen Sie _____ auf einmal. _____ Sie nach einer

halben Stunde eine Pause. Lernen Sie nach der _____ etwas anderes.

Tipp 3: Wiederholen Sie _____, aber wiederholen Sie immer anders.

_____ Sie auch _____ mit Partnern.

Tipp 4: Testen Sie selbst: Können Sie nach dem Lernen mehr _____?

_____ Sie mehr sagen? Verstehen Sie die _____?

---

① der Satz
② die Zeile
③ das Ende
④ die Endung
⑤ Griechenland
⑥ Daniel
⑦ ... ...

Ü28
Word games

a) "Word steps": Look for words: The last letter from the first word is the first from the second word.

b) "Word chain": Every one says a word. A word chain has seven words. Use the seven words to write a story.

„In unserem Deutschkurs sind alle sehr nett. Deshalb wollen wir ein tolles Fest ... "

6

 Ü29

Laute unterscheiden

a) Sie hören drei Namen. Kreuzen Sie an.

4 Aussprache

Beispiel: Sie hören *1. Mettler – Möttler – Müttler*

	1.	2.	3.
Möttler		X	
Rüsser			
Göhner			
Lüttke			

	1.	2.	3.
Schöne			
Röttger			
Südmann			
Küffner			

	1.	2.	3.
Förster			
Lücke			
Röth			
Bühler			

b) Lesen Sie halblaut mit. Sprechen Sie.

1. [eː/ɛ]   [øː/œ]
   Mettler?   Möttler ist mein Name.
   Schene?   Schöne heiße ich.
   Rettger?   Röttger, Sören Röttger.
   Reth?   Röth, Götz Röth.

2. [iː/ɪ]   [yː/ʏ]
   Risser?   Rüsser heiße ich.
   Siedmann? Südmann ist mein Name.
   Biehler?   Bühler, Sylvie Bühler.
   Littke?   Lüttke, Günter Lüttke aus Lübeck.

 Ü30

a) Schreiben Sie die Vokale.

b) Sprechen Sie.

den K**ü**nstler begr___ßen   nat___rlich im S___den   die T___r ___ffnen

um f___nf fr___hstücken   Franz___sisch l___rnen   die B___cher s___chen

die W___rter h___ren   f___nfzehn ___bungen   die L___sung k___nnen

 Ü31

Wortakzent

a) Lesen Sie halblaut mit. Klopfen Sie den Rhythmus.

b) Schreiben Sie Sätze. Lesen Sie vor.

● ● ●
ankreuzen
mitlesen
zuhören
nachsprechen

● ● ● ●
Kreuzen Sie an.
Lesen Sie mit.
Hören Sie zu.
Sprechen Sie nach.

● ● ● ● ●● ● ●
Sie sollen bitte ankreuzen!
Sie sollen bitte mitlesen!
Sie sollen bitte zuhören!
Sie sollen bitte nachsprechen!

das Buch ausleihen   *Anna leiht das Buch aus.*

den Text verstehen   *Salih* _____

den Dialog mitlesen   _____

die Sätze nachsprechen   _____

die Fragen zuordnen   _____

die Lösungen vergleichen   _____

Ü32

Practicing pronunciation

Read. Make sentences with the clauses. Read them out loud.

Der Lehrer / Die Lehrerin soll/kann/muss …
Ich soll/kann/muss …

… im Unterricht Übungen zur Aussprache machen.
… die Übungen oft hören und nachsprechen.
… kurze Sätze öfter laut lesen/üben.
… die Aussprache korrigieren.
… schwere Wörter notieren und üben.
… mehr Beispiele suchen und sprechen.
… zu Hause viel laut lesen.
… oft die Aussprache-Cassette benutzen.
… den Lehrer / die Lehrerin fragen.
… auf Cassette sprechen und anhören.

1. Die Lehrerin soll im Unterricht Übungen zur Aussprache machen.

2. Ich muss …

Situationen
- Lernmöglichkeiten beschreiben ☐
- über mein Deutschlernen sprechen ☐
- Lernziele formulieren ☐
- Lerntipps verstehen und geben ☐

Grammatik / Wortschatz / Aussprache
- Artikel und Substantiv: Deklination ☐
- Possessivartikel ☐
- Wortschatz: Präpositionen ☐
- Wortakzent ☐

R1

Was können Sie?
Markieren Sie:
++, +, −, − −.

---

10 Lerntipps   **Martin**

1. Planen Sie Ihr Sprachenlernen. ☐
2. Lernen Sie jeden Tag zur gleichen Zeit. ☐
3. Lernen Sie jeden Tag neue Wörter. ☐
4. Sortieren Sie Wörter und Ausdrücke nach Themen. ☐
5. Schreiben Sie die neuen Wörter in ein Wortschatzheft. ☐
6. Lernen Sie die Wörter in Sätzen. ☐
7. Arbeiten Sie mit einer Wortschatzkartei. ☐
8. Machen Sie Wortbilder oder Lernposter. ☐
9. Wiederholen Sie nach ein paar Tagen. ☐
10. Testen Sie sich selbst. ☐

Martin schreibt:
Ich lebe in Spanien und lerne Spanisch. Jeden Tag höre ich neue Wörter: Einige Wörter will ich lernen. Ich schreibe sie auf kleine Zettel und stecke die Zettel in meine Tasche. Zu Hause sortiere ich die Wörter nach Themen und sehe im Wörterbuch nach. Manchmal mache ich ein Lernposter. Ich zeichne ein Bild und schreibe die Wörter dazu. Oder ich schreibe mit den Wörtern einfach 5–7 Sätze auf. Das Lernposter liegt etwa eine Woche auf meinem Tisch. Ich sehe den Text jeden Tag. Die Zettel mit den neuen Wörtern ordne ich in meine Lernkartei. Ich habe kein Wortschatzheft. Ich lerne lieber mit der Kartei. Ich lerne am Morgen, am Nachmittag oder am Abend. Manchmal habe ich keine Zeit. Dann wiederhole ich die Wörter nicht. Ich habe auch keinen Plan, was ich lerne. Das ist ein Problem.

R2

a) Which learning tips does Martin use? Read the ten tips and then read the text. Check the learning tips that he uses.

b) Correct your answers with the key.

R3

How do Sarah and Jean learn German?
a) Pick five learning possibilities.
b) Tell your partner how Jean and Sarah learn.

Das kann ich. / Das kannst du.	Lernmöglichkeiten beschreiben	Wörter zum Thema „Sprachen lernen"	Präpositionen benutzen
Ich / Mein(e) Partner(in)	/	/	/

c) Evaluate:
++, +, −, − −.

▶ Schreiben Sie drei Lerntipps auf. Geben Sie den Text jemandem zum Korrigieren.
▶ Fragen Sie Freunde und Bekannte: Wie lernen sie Fremdsprachen?
▶ Lernen Sie den neuen Wortschatz einmal anders:
  – Machen Sie mit den neuen Wörtern ein Wortbild oder ein Lernposter. Schauen Sie das Wortbild/Lernposter jeden Tag an.
  – Kleben Sie zu Hause kleine Zettel mit deutschen Namen auf private Sachen. Sehen Sie die Zettel immer wieder an. Können Sie nach einer Woche die Wörter?

Moment mal!

Ü1 1 Farben

Colors

Find pictures in the textbook. Write down the colors in English.

schwarz

hellbraun

weiß

rot

NORWEGEN

Bergen

orange OSLO

violett

DÄNEMARK

Asien grün

(dunkel) braun

rot Australien

ika

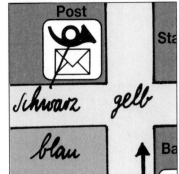

Post

Sta

schwarz gelb

blau Ba

grün

gelb

Ü2

Picture – color: What goes together? Notieren Sie.

① ② ③ ④ ⑤ ⑥ ⑦ ⑧

orange rot violett
blau grün gelb
weiß braun
.... schwarz

Ü3

Ergänzen Sie die Farbwörter.

blau	+ gelb	= grün		rot	+ schwarz	=	_____
_____	+ rot	= lila		schwarz	+ weiß	=	_____
_____	+ weiß	= hellblau		grün	+ _____	=	braun
gelb	+ _____	= orange		_____	+ _____	=	rosa
_____	+ _____	= dunkelblau		Kaffee	+ Milch	=	_____

2 Häuserfarben

dunkel	interessant	dunkelblau	hässlich	schön
~~bunt~~	rot	schön	rosa	rotbraun

Die Häuser sind zu *bunt* ! ● ○ Nein, ich finde sie _____ .

Aber Rot ist doch keine Hausfarbe! ● ○ Das Haus ist nicht _____ ,

das ist _____ .

Also rosa, aber die Farbe ● ○ Und wie findest du das?

ist nicht _____ . Ist das violett oder blau?

Ich glaube, das ist blau, dunkel_____ . ● ○ Und das hier ist _____ .

Die Farbe ist viel zu _____ . Die Farbe finde ich _____ .

Interessant? ○ nein, ●

die Farbe ist _____ !

Das Wort ist schön/kurz.   Die Farbe ist schön.   Der Klang ist schön/hell.
Die Wand ist dick.   Das Haus ist groß.   Der Himmel ist grau.
Die Farben sind interessant.   Die Häuser sind bunt.   Die Klänge sind laut/leise.

SINGULAR					
MASKULIN		NEUTRUM		FEMININ	
de[r] Klang		da[s] Wort		di[e] Farbe	
ein schöne[r] Klang		ein schöne[s] Wort		ein[e] schöne _____	
PLURAL					
schön[e] Klänge		_____		schön[e] Farben	

All nouns are either masculine (m), neuter (n), or feminine (f). The definite article
(**der, die, das**), the indefinite article (**ein-**), or the attributive adjective indicates the
gender of the noun.

Ü4 🔑

**Adjektiv:
prädikativ**

Ergänzen Sie die
Adjektive im Dialog.

Ü5

**Attributives
Adjektiv /
Unbestimmter
Artikel**

a) Lesen Sie
die Sätze.
b) Ergänzen Sie
die Tabelle.

🔑

c) Ordnen Sie alle
Sätze der Tabelle
zu.

 RULE

d) Sehen Sie die
Singular-Beispiele in
der Tabelle an.

Ü6

Recognizing colors

a) Read the text A6 again.
b) Compare: what is true, what is false. Check the column.

	r	f
1.		X
2.		
3.		
4.		
5.		
6.		
7.		
8.		
9.		
10.		
11.		
12.		
13.		

1. Ein Dorf in Italien.
2. 50 oder 60 Häuser.
3. Ca. 3000 Menschen leben hier.
4. Die Häuser sind sehr bunt:
5. gelb, siena, grün, braun, blau, schwarzviolett.
6. Die Farben sind ein Kontrast zum Himmel.
7. Der ist oft blau.
8. Nur im Süden malen die Menschen ihre Häuser an.
9. Die Farben sind von Land zu Land verschieden.
10. Das Foto unten zeigt auch ein Haus.
11. Die Farbe ist Rotbraun; sie heißt auch „Lila".
12. Die anderen Farben sind Rosa und Schwarzgrün.
13. Und oben ist ein herrlicher, grauer Himmel.

 Ü7

6 Situationen mit Farben: Nummerieren Sie.

A _____

B _____

C _____

D _____

E _____

F _____

 Ü8

Welche Farben hören Sie? Notieren Sie.

1. _____
2. _____
3. _____
4. _____
5. _____

6. _____
7. _____
8. _____
9. _____
10. _____

Ü9
Colors and people
a) Look carefully at the two people. Read the text. How many people are in the text?
b) Why does Andreas say: „Karin ist violett" and „Michael ist rot"?

Karin ist violett

„Karin ist violett", sagt Andreas.
Ich schaue Karin an. Immer wieder.
Ich sehe kein Violett.
Die Schuhe sind schwarz, die Strümpfe schwarz, der Minirock rot, die Bluse gelb, die Ohrringe sind silberweiß, die Lippen rot, die Sonnenbrille dunkel, die Haare lang und braun.
Kein Violett! Nichts.

Und Andreas, sechs Jahre alt, steht neben mir und sagt noch einmal: „Karin ist violett."
Ich schaue noch einmal: Kein Violett!

„Und welche Farbe hat Michael?" frage ich.
Michael ist sein Freund.

„Michael ist rot, ganz rot, und manchmal ist er blau. Heute ist er rot."
Ich schaue Michael an: die Haare blond, die Augen blau, das T-Shirt gelb, die Hose grün – kein Rot!

Andreas sieht Farben, die ich nicht sehe: Karin violett, Michael rot.
Ich sehe nicht, was mein Kind sieht: die Aura von Menschen, die Ausstrahlung.
Jetzt weiss ich, dass Kinder Dinge anders sehen.

„Karin ist violett", sagt Andreas.

Ich schaue Karin an:

Schwarz___ Schuhe, schwarz___ Strümpfe, ein rot___ Minirock, eine gelb___ Bluse,

silberweiß___ Ohrringe, rot___ Lippen, eine dunkl___ Sonnenbrille, lang___ und braun___

Haare. Kein Violett! Nichts.

„Und Michael ist rot und manchmal blau. Heute ist er rot", sagt Andreas. Ich schaue

Michael an:

Blond___ Haare, blau___ Augen, ein gelb___ T-Shirt, eine grün___ Hose. – Kein Rot!

3 Mensch und Landschaft

Ü11

Landschaften beschreiben

Was passt gut zusammen? Notieren Sie.

| weit | wenig | rot | grau | grün | dunkel | gestreift | blau | braun |
| schwarz | | weiß | ganz hinten | | draußen | | hell | endlos |

Sand ___*graubraun*___   Meer _____

Strand _____   Leuchtturm _____

Himmel _____   Hund _____

Land _____   Mensch _____

Ü12

Look at the photo.
a) Read the words and expressions on the left/right. Which go together?

wir
die Schuhe
die Fußspuren
der Sand
der Strand
der Himmel
das Meer
die Wolken
die Sonne
…

zwei
stundenlang
am Strand
tief im Sand
endlos weit
ganz hinten
blaugrau
graubraun
dunkel
hoch
blass
groß
…

b) Write a nice story using the word groups.

Wir zwei gehen …

 Ü13

What fits? What goes together?

Kreuzen Sie an.

1   2   3   **1   2   3**   **1   2   3**

Das ist ein Strand auf der Insel Rügen. ...

Ü14
Put the sentences in order.

Viele Menschen sind am Strand.

Sie laufen, schwimmen oder sitzen in Strandkörben.

Der Sand ist warm und gelb.

Die Strandkörbe sind blau und orange.

Sie sind braun von der Sonne.

Der Strand ist sehr lang.

Man kann weit laufen.

Man kann es hören.

Hinten ist das Meer.

Nach Binz kommen viele Touristen.

Es ist Sommer.

Sie machen Ferien.

Es ist dunkelblau.

Ü15

This text is difficult. Just find the specific information:
– What is the name of the lighthouse?
– Where is it?
– How old is it?

Der Leuchtturm Westerheversand ist der berühmteste der deutschen Nordseeküste. Mit seinen beiden Wärterhäuschen steht er an der Nordwestspitze der Halbinsel Eiderstedt in Nordfriesland nahe des Seebades St. Peter-Ording. Zahlreichen Malern diente das 1907 auf 127 Holzpfählen errichtete Wahrzeichen als Motiv.
Bild: dpa

4 Farbhäuser

Ü16

Attributives Adjektiv / Bestimmer/ Unbestimmter Artikel

Ergänzen Sie den Text.

„Villen am Hügel"

Dieses interessant_____ Bild ist von Gabriele Münter. Die groß_____, blau_____ Häuser

stehen am Hügel. Die schwarz_____ Fenster sehen uns an wie dunkl_____ Augen. Die

schwarz-rot_____ Farbe macht die Dächer schwer. Der hell_____, gelb_____ Himmel ist ein

stark_____ Kontrast. Der Hügel ist grün, aber die gelb_____ Töne machen ihn hell und leicht.

Die schwarz_____ Bäume sind sehr einfach, fast primitiv. Das bunt_____ Bild und die

schön_____ Komposition gefallen mir sehr.

Ü17

a) Underline the attributive adjectives in the text.

● Der gelbe Himmel ist sehr interessant.

○ Ein gelber Himmel ist komisch. Ein blauer Himmel oder ein grauer, das ist richtig!

● Richtig oder falsch gibt es nicht! Der gelbe Himmel ist hier besonders schön, und auch die blauen Häuser und die schwarz-roten Dächer und die schwarzen Bäume. Alles passt zusammen.

○ Ein blauer Himmel ist schön, und mir gefallen rote Dächer und weiße Häuser und braune Bäume …

● Und grüne Blätter – wie langweilig! – Nein, *das hier* ist ein tolles Bild! Eine tolle Komposition ist das!

○ Ja, das stimmt, die Komposition ist sehr gut.

b) Complete the table and compare it with samples from the dialog.

MASKULIN	NEUTRUM	FEMININ
de[r] Himmel	da[s] Haus	_____
de[r] gelbe Himmel	_____	_____
ein gelbe[r] Himmel	_____	ein[e] tolle Komposition
	PLURAL	
	di[e] Dächer	
	di[e] roten Dächer	
	rot[e] Dächer	

c) Complete the rule.

Links von „Himmel" sehen Sie immer ein [r]. Das zeigt: „Himmel" ist maskulin.

Links von „Haus" sehen Sie immer ein ☐. Das zeigt: „Haus" ist neutrum.

Links von „Komposition" sehen Sie immer ein ☐. Das zeigt: „Komposition" ist feminin.

Die Pluralformen sind immer gleich: ☐.

_**1**_ ___ Nie. Kein Interesse.

___ Oft, mindestens jeden Monat einmal.

___ Kaum. Nur ein- oder zweimal pro Jahr.

___ Manchmal. So alle zwei oder drei Monate.

___ Immer wieder; zwei- oder dreimal pro Monat.

___ Sehr oft, meistens am Wochenende.

___ Regelmäßig, jedes Wochenende.

Ü18

How often?

How often do you go to the movies? Put the statements in order from 1–7.

Wie viele?   **Wie viel?**

keine (Pl.)

alle

einige

mehrere

wenige

jeder (Sg.)

viele

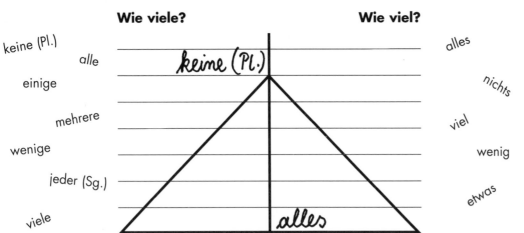

alles

nichts

viel

wenig

etwas

Ü19

How many? How much?

Write the words in the correct position on the pyramid.

| sofort | gleich | jetzt | schon | erst | gerade | bald | noch |

Ü20

When?

Mark the words from the box in the dialog.

Gehen wir spazieren? ●

Ich möchte aber _jetzt_ gehen, nicht erst in zwei Stunden! ●

Das kenne ich schon. Und dann dauert es wieder eine Stunde. ●

... ●

Wie lange willst du noch gehen? ●

Es ist _____ 5 Uhr!

Aber ich muss _____ nach Hause, ●
ich habe um 6 Uhr einen Termin.

Nein, ich gehe besser _____ ●
zurück, ich muss noch etwas vorbereiten.

○ Jetzt nicht! Ich komme gerade von der Arbeit.

○ Bald, bald, aber nicht jetzt gleich.

○ Wir können in einer halben Stunde gehen, o.k., aber nicht sofort. Ich möchte noch ein paar Minuten Pause machen.

○ Oh, noch einige Zeit! Es ist schön heute, und wir gehen _____ eine Stunde.

○ Warum willst du denn schon _____ zurück? Wir haben doch _____ eine Stunde Zeit!

○ Und warum sagst du das nicht _____?

Ü21

Lesen Sie den Dialog.
Ergänzen Sie die richtigen Wörter aus der Wort-Kiste (Ü20).

  Ü22

5 Aussprache

Laute unterscheiden

a) Was hören Sie? Kreuzen Sie an.

b) Sie hören Wortpaare. Sprechen Sie nach.

Beispiel: Sie hören *1. Meier*

1. Mauer ☐	2. Schaufel ☐	3. Nauner ☐	4. Kaufer ☐	5. Bausig ☐	6. Raumann ☐
Meier ☒	Scheifel ☐	Neiner ☐	Keifer ☐	Beisig ☐	Reimann ☐
Meuer ☐	Scheufel ☐	Neuner ☐	Käufer ☐	Beusig ☐	Reumann ☐

[au]	[ɔy]	[ɔy]	[ai]	[au]	[ai]
1. Baum – Bäume	2. neun – nein	3. Haus – heiß
Traum – träumen	heute – heißen	schauen – scheinen
laufen – sie läuft	neu – Mai	Raum – Reim

Ü23

Reime suchen

Notieren Sie Reimwörter. Lesen Sie vor.

~~Haus~~ ~~Zeit~~ sein drei Baum

Frau heiß zwei Leute seit

bei heute Traum ~~aus~~ klein

mein Mai ein weiß grau

Haus   –   aus
Zeit   –   ...

Ü24

Diphthonge schreiben und sprechen

a) Ergänzen Sie den Text.

b) Sprechen Sie: Achten Sie auf die Sprechmelodie!

1. H__eu__te bl____be ich zu H____se. 2. Ich habe viel Z____t. 3. Ich schließe die ____gen und tr____me: 4. Meine Fr____ndin und ich machen eine R____se, eine große ____ropatour. 5. Im M____ sind wir in der Türk____, an der Südküste. 6. Da bl____ben wir mindestens dr____ Wochen. 7. Ich tr____me w____ter: Das Meer ist bl____, die Sonne sch____nt, es it h____ß. 8. Wir l____fen stundenlang am Strand. 9. Die L____te sind nett und fr____ndlich. 10. Wir k____fen kl____ne Souvenirs, sitzen im Café und schr____ben Postkarten. 11. Und: Wir haben einen Tr____m zusammen … 12. Ich öffne die ____gen: Habe ich Geld? Habe ich Z____t? Eine Fr____ndin?? … Ein schöner Traum!

(19)

Learning Tip! • **Read texts out loud.**
• **Vary your speaking: Imagine that you are talking to a friend, in front of the class, in front of strangers.**

Ü25

Writing and narrating a text

Take some time: Close your eyes. You are looking out a window. What do you see? Draw and write down what you see. Read the text out loud.

RÜCKSCHAU

Das kann ich sagen:	Das verstehe ich:	Wortschatz:	Grammatik:
• …	• …	• …	• …

R1

Write down in your notebook all the things that you now can do in German from Units 1–7.

A

B

R2

a) Color the picture: Person A does pictures A, person B, picture B.

Sind alle Farben richtig? Ja. ☐

Nein. ☐   Überlegen Sie, warum? → Ich verstehe nicht gut.
→ Partner/Partnerin erklärt nicht gut.

b) Describe your picture while your partner tries to color it.

c) Compare pictures.

Das Bild von Gabriele Münter __he_____ „Villen am Hügel". Es ist sehr __b_____.

Auf einem Hügel __st_____ vier __Hä_____. Der Hügel ist grün und __g_____.

Die Häuser sind blaugrün. Sie __ha____ __sch_____ Fenster und __schwarzr_____

__Dä_____. Ich __fi_____ das Bild _____.

R3

Look at the picture in the textbook on page 45. Fill-in the blanks.

1. Anna ist ___ Jahre alt.

☐ 21
☐ 23
☐ 31
☐ 32

2. Anna kommt aus ___.

☐ Griechenland
☐ Italien
☐ Spanien
☐ Zypern

3. Sie lebt seit _____ Jahren in der Schweiz.

4. Sie studiert ___.

☐ in Hamburg
☐ in Fribourg
☐ in Berlin
☐ in Bern

5. Anna hat ___ Stunden Sprachkurs in der Woche.

☐ zwei
☐ vier
☐ fünf
☐ zwölf
☐ zwanzig

6. Das macht Anna noch für Deutsch:

☐ Sie lernt zu Hause.
☐ Sie geht nach Deutschland.
☐ Sie sieht deutsche Filme im Fernsehen.
☐ Sie spricht mit Freunden.

7. Warum lernt Anna Deutsch?

☐ Sie hat Sprachen gern.
☐ Sie will nach Deutschland.
☐ Ihr Mann spricht Deutsch.
☐ Deutsch ist wichtig für den Beruf.

R4

a) Listen to the interview and check off the correct statements.
b) Correct and evaluate using the answer key.

1 Die Turmwohnung

Ü1

Meinungen und Ansichten

Ergänzen Sie.

wohnen   mitten in der Stadt   Nachbarn   Stock   Zimmer   Küche   Büro   WC
wie hoch   100 Meter   wie groß   Quadratmeter   wie lange   seit   etwa   glaube

○ Herr Probst, Sie _____ (1) in einem Turm.

● Ja, ich wohne hier im Münster von Bern, also

_____ _____ (2).

○ Und _____ (3) ist der Turm?

● Der Turm ist genau _____ (4) hoch.

○ Und _____ (5) wohnen Sie schon hier?

● _____ (6) zehn Jahren. Und uns gefällt es immer noch.

○ _____ (7) ist die Wohnung?

● Sie ist ziemlich groß. Ich _____ (8),

das sind _____ (9) 200 _____ (10).

Wir haben zwei _____ (11) und eine _____ (12),

dann haben wir auch noch ein _____ (13),

ein Bad und ein _____ (14).

Im Sommer haben wir im zweiten _____ (15)

noch ein Zimmer.

○ Ist man da oben nicht isoliert?

● Doch, das ist wahr, man hat keine _____ (16).

Ü2

Räume

a) Was macht Herr Probst wo?
Ordnen Sie zu.

1	ich genieße die Aussicht
2	ich stehe langsam auf
3	ich dusche
4	ich ziehe die Schuhe aus
5	ich koche für Gäste
6	ich arbeite am Computer
7	ich höre klassische Musik

A	in der Küche
B	im Wohnzimmer
C	im Büro
D	im Schlafzimmer
E	im Bad
F	im Flur
G	auf dem Balkon

b) Schreiben Sie:
Was macht man wo?

Ü3

Vermutungen äußern

Ergänzen Sie.

Wahr_____ (1) ist die Wohnung sehr groß. Herr Probst ist viel _____ (2)

Polizist. Wie lange braucht er wo___ (3) für die Treppen? Verm_____ (4) ist man

dort oben isoliert. Ich verm_____ (5), da hat man eine tolle Aussicht. Ich den_____ (6),

er telefoniert viel.

2 Wo wohnen sie?

Text 1	r	f
a) Sie lebt gerne auf dem Land.		
b) Sie hat eine Dreizimmerwohnung.		
c) Sie fährt mit dem Bus in die Stadt.		

Text 2	r	f
a) Er wohnt schon lange in der Altstadt.		
b) Die Wohnung ist höher als früher.		
c) Er lebt gerne dort.		

Text 3	r	f
a) Sie wohnen auf dem Land.		
b) Den Kindern gefällt es.		
c) Früher waren sie in der Stadt.		

Text 4	r	f
a) Er wohnt mitten im Zentrum.		
b) Er lebt bei seiner Freundin.		
c) Er wohnt im 4. Stock.		

①

②

Zu vermieten ab sofort: (A) **2-Zimmer-Wohnung/28 m²** in einem Bauernhaus Stadtnähe / 15 Autominuten Miete DM 890,– (+ NK)	Zu verkaufen: (B) **6-Zimmer-Reihenhaus** am Stadtrand mit Balkon 6 Zimmer u. moderne Küche auf 2 Stockwerken Verkaufspreis DM 675.000,–	Zu vermieten ab 1. Mai: (C) **1 oder 2 Zimmer** in Studenten-WG (Altbau) Miete nach Absprache Tel. 3 38 86 72
Zu vermieten ab 1. Juni: (D) im Altstadtviertel **2-3-4-Zimmer-Wohnungen** **neu renoviert** hoher Standard ab DM 1150,– Parkplatz inkl.	Zu vermieten ab 1. April: (E) Im Zentrum: Neubau **moderne 1-2-3-Zi.-Wohnungen** Terrasse/Einbauküche/Lift ab DM 980,– exkl. NK	Zu vermieten ab sofort: (F) **Studio** ohne Komfort, 10 Busminuten vom Zentrum Miete DM 390,– (+ NK)

NK = Nebenkosten   inkl. = inklusive   exkl. = exklusive   WG = Wohngemeinschaft

> am Stadtrand   in einer Siedlung   im Zentrum   viel Ruhe   auf dem Land   im 14. Stock
> mit Balkon   ohne Bad   renoviert   neu   klein   billig   alt   ohne Komfort
> in der Natur   die Schule ist nah   teuer   groß   komfortabel   hell   laut   dunkel
> mit Aussicht   in der Altstadt   Discolärm in der Nacht   ich brauche das Auto
> die Nachbarn reklamieren   die Miete ist hoch

Vorteile	Nachteile

Ü4

Wohnsituation

Hören Sie die vier Texte von A5 noch einmal. Richtig oder falsch? Kreuzen Sie an.

Ü5

Schauen Sie die Bilder an: Wo ist das wohl? Wer sind die Leute? Was arbeiten Sie wahrscheinlich? Wie groß ist die Wohnung vermutlich?

Ü6

a) Look at the pictures and read the ads. Which ad go best with picture ①? Which with picture ②?
b) Where would you like to live? Write a description.

Ü7

Advantages/ disadvantages

a) Read the expressions and put them in two columns. Which do you find are advantages/ disadvantages?
b) Compare.

fünfundsiebzig • 75

Hören Sie das
Telefongespräch
und notieren Sie.

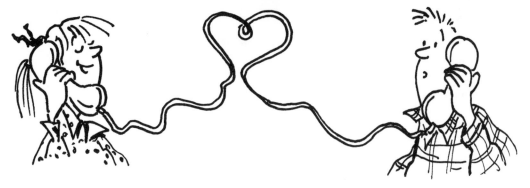

	Anzeige ①	Anzeige ②
Zahl der Zimmer:		
Komfort:		
Lage:		
frei ab:		
Preis:		
Telefon/Person:		

Ü9

Verb und Ergänzungen

Welche Frage passt? Notieren Sie.

(A) **Wer** oder **Was?**   (C) **Wem?**   (E) **Woher?**   (G) **Wann?**
(B) **Wen** oder **Was?**   (D) **Wo?**   (F) **Wohin?**   (H) **Wie lange?**

Subjekt	Verb	Ergänzungen	

1. Pedro	ist	**Portugiese.**		*A) Was?*
2. Er	kommt	**aus Lissabon.**		
3. Er	wohnt	**in einem Zimmer.**		
4. Er	hat	**keine Arbeit.**		
5. Er	lernt	**Deutsch.**		
6. Er	geht	**in einen Deutschkurs.**		
7. Der Kurs	beginnt	**um 19 Uhr.**		
8. Die Lehrerin	erklärt	**Pedro**	die Regeln.	
9. Pedro	schreibt	**sie**	auf.	
10. Der Kurs	dauert	**vier Wochen.**		
11. **Pedro**	möchte	wieder	arbeiten.	
12. Er	sucht	**Arbeit.**		

1. Herr und Frau Huber wohnen *am Stadtrand.* 2. Sie haben *eine 3-Zimmerwohnung* im 2. Stock. 3. Die Küche ist *hell und groß.* 4. Das Schlafzimmer ist *hellblau.* 5. Es gefällt *ihnen* gut. 6. Frau Huber geht am Dienstag und Mittwoch *in die Stadt.* 7. Sie arbeitet *in einem Büro.* 8. Sie nimmt *den Bus.* 9. Das dauert *eine halbe Stunde.* 10. Herr Huber ist dann *zu Hause.* 11. Er kauft ein und kocht *das Abendessen.*

Ü10

Schreiben Sie Fragen.

1) <u>Wo</u> wohnen Herr und Frau Huber?

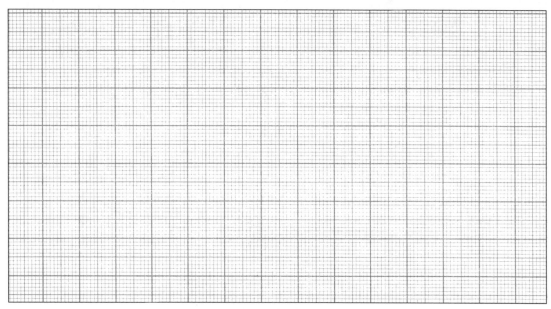

- Wie groß ist ...?
- Wie viele Zimmer/ Quadratmeter hat ...?
- Wie ist die Küche / ...?
- Wo ist das Schlaf- zimmer / ...?
- Was ist in/im ...?
- Was machst du im ...?

Ü11

Living spaces

a) Draw a plan for your dream residence. How big is it? What are the names of the rooms?
b) Ask your partner and then draw his/her residence.

3 Die neue Wohnung einrichten

- Und die da? Wie t_____ (1) ist die?
- ○ Die kostet 5.836 Mark. Aber ohne H_____ (2)!
- Was? O_____ (3) Herd? Das ist doch keine K_____ (4)!
- ○ Tja, der Herd ist nicht da_____ (5), auch die Schr_____ (6) und die Reg_____ (7) nicht.
- Und das Spü_____ (8)? Was k_____ (9) das?
- ○ Das ist da_____ (10).
- Und was kostet al_____ (11) zus_____ (12)?
- ○ Ich denke, unge_____ (13) 10.000 Mark, dann ist die Küche kom_____ (14).

Ü12

Die Küche

Ergänzen Sie die Lücken.

Ü13

**Einrichtungs-
gegenstände**

a) Ordnen Sie
Bilder und Wörter
zu.
b) Was kostet das?
Notieren Sie Preise.

> der Stuhl   der Sessel   der Schrank   das Radio   der Koffer   die Lampe   der Herd
> das Bild   der Vogelkäfig   der Fernseher   die Vase   das Bett   das Regal   die Skier
> der Küchenschrank   die Badewanne   der Tennisschläger   der Kühlschrank

Ü14

Schreiben und
spielen Sie Dialoge.

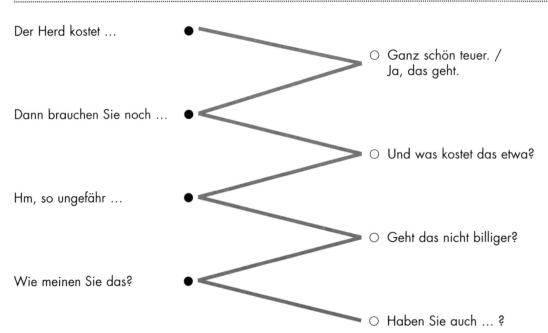

Der Herd kostet ...

Dann brauchen Sie noch ...

Hm, so ungefähr ...

Wie meinen Sie das?

○ Ganz schön teuer. /
Ja, das geht.

○ Und was kostet das etwa?

○ Geht das nicht billiger?

○ Haben Sie auch ... ?

4 Die neue Wohnung: Einweihungsparty

①

○ Das _____ finde ich

originell.

● Originell? Mir gefällt es überhaupt nicht.

Da passt ja nichts zusammen! Schau mal:

Das _____ ist schwarz und rund, der

_____ ist blau und eckig – das

geht nicht. Und der _____ gelb, der

Boden blau, und dazu die _____ aus

Holz und oben an der _____

der Ventilator, schrecklich!

②

○ Entschuldigung, wo ist die _____?

● Im Flur, zweite _____ rechts.

○ Danke.

③

● Und da, ein _____ von van Gogh!

○ Wo denn?

● Da hinten, im _____.

○ Ach so, das gelbe Zimmer.

④

● Schön, wirklich schön. Ich gratuliere!

○ Ja, uns gefällt es auch. Hier im _____ ist

noch Unordnung. Hier stellen wir dann

den _____ hin. ...

Dann bleibt nur noch die _____ ...

Ü15

Wohnräume und Gegenstände

Hören Sie den Text von A10 noch einmal und ergänzen Sie.

> Das gefällt mir gut.   Das passt überhaupt nicht (zusammen)!   Das ist originell.
> Das geht nicht, das ist schrecklich!   Das ist viel zu groß!   Doch, ich finde das wirklich schön.
> Das passt genau, überhaupt nicht zu klein.   Das ist zu modern.
> Es geht, das ist jetzt modern.   Das ist schön, aber zu teuer.

Ü16

Likes/dislikes

a) Put the expressions in order.

Gefallen	Nicht-Gefallen

Ich finde, das passt gut. ———— **Nein**, das passt überhaupt nicht!
———— **Ja**, das finde ich auch, das passt wirklich gut!

Das passt überhaupt nicht zusammen. ———— **Ja**, das ist wirklich nicht schön.
———— **Doch**, das passt sehr gut zusammen!

b) Read the examples. Write your answers using *Ja ...*, *Nein ...* or *Doch ... .*

1. Mir gefällt es gut. – _____

2. Das gefällt mir nicht. – _____

3. Ich finde das originell. – _____

4. Das ist viel zu groß! – _____

5. Das geht nicht, schrecklich! – _____

6. Ich finde das langweilig. – _____

7. Ich finde die Möbel gar nicht schön. – _____

8. Das ist nicht so praktisch. – _____

neunundsiebzig • 79

8

Ü17
Farben

a) Ergänzen Sie die Farben.

b) Sammeln Sie weitere Farben.

5 Das gelbe Schlafzimmer

Die Wände sind _____ (1). Die Fenster sind _____ (2). Die Türen sind_____ (3).

Der Fußboden ist _____ (4). Die Stühle sind _____ (5).

Das Waschbecken ist _____ (6). Die Bettdecke ist _____ (7).

Der/Die/Das … ist … .

Ü18
Gegenstände identifizieren

Which things can you identify? Write them in the margin.

Donation Tomi Ungerer, Musées de la Ville de Strasbourg

Ü19

a) Wo ist was? Ordnen Sie.

das Kissen	das Glas	das Waschbecken	der Spiegel	der Wecker
der Fernseher	die Bettdecke	der Ventilator	der Sessel	das Handtuch
das Fenster	die Flasche	das Telefon	das Bett	der Kühlschrank	der Teppich
das Bild	der Computer	die Lampe

im Wohnzimmer	in der Küche	im Bad	im Büro	im Schlafzimmer
die Flasche				

20

b) Suchen Sie Beispiele im Lehrbuch auf Seite 49. Vergleichen Sie.

Learning Tip! The prepositions **in** and **an** taken the dative when answering **Where**-questions:

Wo ist das Telefon?	– Es steht **im** Flur.	**im**	⇐	in de**m** (m)
Wo ist das Handtuch?	– Es hängt **im** Bad.	**im**	⇐	in de**m** (n)
Wo ist das Buch?	– Es liegt **in der** Küche.	**in der**		in der (f)

Wo hängen die Kleider?	– **Am** Stuhl.	**am**	⇐	an de**m** (m)
Wo steht die Lampe?	– **Am** Fenster.	**am**	⇐	an de**m** (n)
Wo hängt das Bild?	– **An der** Wand.	**an der**		an der (f)

Ü20

a) Fill in the verb and the preposition.

b) Write more sentences.

| sein | stehen | hängen | liegen |

Der Computer **steht im** Büro. – Die Lampe _____ (1) _____ (2) Decke. Der Mann

_____ (3) ____ (4) Bett. Das Bild_____ (5) _____ (6) Wand. Der Teppich

_____ (7) _____ (8) Boden. Der Kühlschrank _____ (9) _____ (10) Küche.

① ②

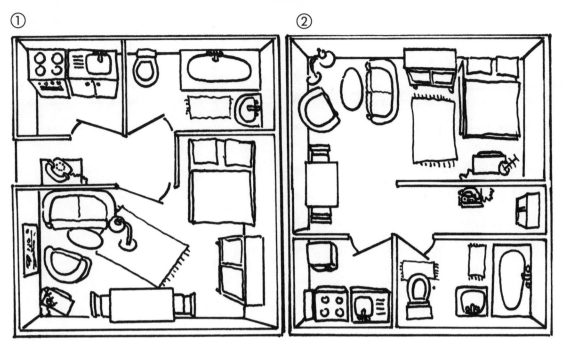

Im Bild ① ist / steht / liegt …   Wo ist hier … ?   Gibt es im Bild ② ein … ?

Ü21

Vergleichen Sie die zwei Bilder. Suchen Sie Unterschiede. Beschreiben Sie.

Mein neues Zimmer

Kommt, ich zeige euch mein Zimmer:
Da, das Bett an der Wand ist von einer
Freundin. Sie leiht es mir, bis sie es wieder
braucht. Es gehört ihr.
Da habe ich einen Stuhl von meinem
Freund, so richtig bequem: genau das
Richtige für mich. Leider gehört er ihm!
Das Bücherregal da an der Wand links ist von
Elena und Heinz. Sie brauchen es nicht mehr.

Es gefällt ihnen nicht mehr.
Und da, der Teppich in der Mitte gehört auch
meinem Freund. Hier den Spiegel, den will
ich nicht mehr. Könnt ihr ihn nicht brauchen?
Ich gebe ihn euch.
Ach, die Bücher auf dem Boden! Könnt ihr
mir schnell helfen? Ich möchte sie ins
Bücherregal stellen. Ich kann sie nicht mehr
sehen!

Ü22

Personalpronomen

a) Suchen Sie Personalpronomen und markieren Sie.

SINGULAR		
NOMINATIV	AKKUSATIV	DATIV
ich _____	_____	_____
du	dich	dir
Sie	Sie	Ihnen
_____		_____
_____	es	_____
_____	_____	ihr

PLURAL		
NOMINATIV	AKKUSATIV	DATIV
_____	uns	_____
_____	euch	_____
Sie	Sie	Ihnen
_____	_____	_____

b) Ergänzen Sie die Tabelle.

Ü23

a) Wie heißt der Artikel? Wie heißt das Personalpronomen?

b) Was ist gleich? Markieren Sie.

	Bestimmter Artikel:	Personalpronomen:
1. Fragen Sie den Partner. →	*den*	*ihn*
2. Ich will noch die Lehrerin fragen. →		
3. Wir müssen noch das Zimmer aufräumen. →		
4. Wollen Sie die Stühle kaufen? →		
5. Helfen Sie dem Partner, bitte. →		
6. Paul dankt der Lehrerin. →		
7. Ich besuche einen Kurs am Goethe-Institut. →		
8. Der Kurs gefällt den Teilnehmern gut. →		

Ü24

a) Ergänzen Sie: *ihm, ihr, ihnen* oder *Ihnen.*

> helfen   danken   antworten   gefallen
> (mit)bringen   geben   ausleihen   verkaufen   erklären   zeigen   erzählen

1. Gefällt es _____ (der Student)?

2. Ich gebe _____ (Sie) meine Telefonnummer.

3. Ich leihe _____ (Theo und Sabine) meine Küchenstühle aus. Sie machen ein Fest.

4. Herr Probst erklärt _____ (die Touristen) die Kirche.

5. Ich danke _____ (Sie). Auf Wiedersehen!

6. Er verkauft _____ (die Freundin) sein Auto.

7. Sie leiht _____ (der Freund) ihr Radio.

8. Kann ich _____ (Sie) helfen?

9. Was bringst du _____ (Theo und Sabine) mit?

10. Können Sie _____ (die Partnerin) die Lösung zeigen?

11. Wer hilft _____ (der Partner)?

12. Bis wann kannst du _____ (Herr Meier) antworten?

13. Moment mal! Was erzählst du _____ (Herr und Frau Müller) da!?

b) Ergänzen Sie: *ihm* oder *ihr.*

1. Der Student aus Norddeutschland hat eine Freundin. Er lebt mit _____ zusammen. Sie kommt aus Italien. Sie lernt Deutsch.

2. Er hilft _____ und sie hilft _____ mit Italienisch. Im Sommer fahren sie zusammen nach Neapel.

3. Sie zeigt _____ die Stadt und erklärt _____ alles. Sie möchte im Süden wohnen.

4. Da gefällt es _____.

Ü25

a) How many persons?
b) Continue the story.

a)

ich liebe ihn

er liebt sie

sie liebt dich

du liebst mich

b)

sie gefällt mir

_____

_____

wir mögen sie

_____

_____

1. Wie gefällt *Ihnen* (Sie) mein Büro? –
Ich finde ___ (das Büro) sehr schön.

2. Gefällt _____ (du) der Stuhl? – O ja, toll!
– Ich gebe _____ (er) dir für einen Monat.
Du kannst _____ (der Stuhl) mitnehmen.

3. Gefällt _____ (ihr) die Lampe? – O ja,
toll! – Wir leihen _____ (die Lampe) euch

einen Monat. Ihr könnt _____ (die Lampe)
mitnehmen. Aber dann müsst ihr _____
(die Lampe) uns zurückbringen!

4. Gefällt Ihnen das Bild? – O ja, toll! –
Ich gebe es _____ (Sie) für einen Monat.

5. Kommt ihr morgen zu _____ (wir)? –
Wir machen eine Party.

Ü26

Ergänzen Sie.

1. Christian	bringt	Elena und Heinz	einen Herd.
2. Christian	bringt	ihnen	einen Herd.
3. Christian	bringt	ihn	Elena und Heinz.
4. Christian	bringt	ihn	ihnen.

1. Herr Probst	verkauft	den Touristen	Eintrittskarten.
2. Herr Probst	verkauft	ihnen	Eintrittskarten.
3. Herr Probst	verkauft	sie	den Touristen.
4. Herr Probst	verkauft	sie	ihnen.

Ü27

Accusative and dative completers

a) Underline the accusative with .... and the dative with _____

What comes after the verb?

Verb und Ergänzungen (im Dativ und Akkusativ):

1. Akkusativergänzung = Substantiv:

Verb + _____ergänzung + _____ergänzung ➜ Satz 1 und 2

2. Akkusativergänzung = Pronomen:

Verb + _____ergänzung + _____ergänzung ➜ Satz 3 und 4

---

b) Complete the rule.

RULE

Alle bringen Elena und Heinz etwas:
a) Sonia: 1 Lampe (Satz 1): Sonia bringt Elena und Heinz eine *Lampe* mit.

b) Herbert: 1 Regal (Satz 4)

c) Pjotr: 2 Bilder (Satz 3)

d) Rolf: 4 Gläser (Satz 2)

e) Lea: 6 Bücher (Satz 3)

f) Mira: 2 Stühle (Satz 2)

g) Sandro: 1 Tisch (Satz 1)

Ü28

a) Write the sentences.

b) Compare them to the rules 1/2.

1. Herr Probst – Touristen – Postkarten – verkaufen.
2. Er – ihnen – die Aussicht – zeigen.
3. Er – ihnen – die Stadt – erklären.
4. Dann – die Touristen – ihren Bekannten –

eine Postkarte – schreiben.
5. Sie – ihnen – etwas über die Stadt – schreiben.
6. Vielleicht – sie – ihnen – ein Souvenir – mitbringen.

Ü29

Write sentences.

Herr Probst verkauft den Touristen Postkarten.

 Ü30

Text references: personal pronoun

What belongs together? Mark as shown.

Herr Probst wohnt in Bern.

Er wohnt nicht in einer gewöhnlichen Wohnung.

Er lebt mit seiner Frau in einem Turm, 50 Meter über der Stadt.

Sie haben eine Vierzimmerwohnung im Turm.

Herr Probst arbeitet als Turmwächter und verkauft den Touristen Eintrittskarten.

Im Sommer gibt es eine Menge Touristen, und sie stellen ihm viele Fragen.

Er zeigt ihnen die Berge und erzählt ihnen etwas über die Kirche und die Stadt.

Ihm gefällt seine Arbeit.

Er möchte keine andere Arbeit machen.

Herr Probst erzählt:

„Uns fragen Freunde immer wieder:

‚Und das Einkaufen? Wie macht ihr das?' "

Ü31

Write the text over. Use personal pronouns.

Elena und Heinz haben eine neue Wohnung. Die Wohnung ist groß, hell und direkt im Zentrum. Elena und Heinz richten die Wohnung ein: „Den Stuhl hier? Das Bett dort?" Elena und Heinz diskutieren. Elena hilft Heinz, Heinz hilft Elena. Nach einer Woche sind Elena und Heinz fertig. Elena und Heinz brauchen noch einen Sessel. Elena und Heinz gehen in die Stadt. In einem Geschäft sehen Elena und Heinz einen Sessel. Der Verkäufer zeigt Elena und Heinz verschiedene Sessel. Der Verkäufer erklärt Elena und Heinz die Vor- und Nachteile. Kein Sessel gefällt Elena und Heinz. Elena und Heinz suchen weiter. Auf der Straße treffen Elena und Heinz Freunde. Elena und Heinz laden ihre Freunde zu einem Fest ein.
Es kommen viele Leute. Die Wohnung gefällt den Leuten. Die Leute kritisieren aber auch: „Schrecklich, die Farben!"

Learning Tip: Wörter komponieren – typisch deutsch?

„Hotelzimmerschlüssel" oder „Computerprogramm" oder „Hotelcomputer" oder „Computerhotel"?

Viele deutsche Wörter bestehen aus:

Nomen	+	Nomen		
der Computer	+	**das** Programm	=	**das** Computerprogramm
das Video	+	**die** Cassette	=	**die** Videocassette
das Wort	+	**der** Akzent	=	**der** Wortakzent

RULE

 Ü32

Komposita

a) Streichen Sie die falsche Regel durch.

? Das Kompositum hat den Artikel des ersten Wortes. ?
? Das Kompositum hat den Artikel des letzten Wortes. ?

Ü33

a) Suchen Sie Komposita.
b) Schreiben Sie: Komposita + Artikel.

stadtrand/waschtischküchenstuhlsommerfestsatzakzentjazzbandrockmusiktraum

wohnungbettdeckekopfkissenfarbnamehochhaushandschuhhandtuch

1. Können Sie das wiederholen, bitte?
☐ Sprechen Sie bitte mit.
☐ Sagen Sie das noch einmal, bitte?
☐ Diktieren Sie das, bitte?

2. Ja, das ist richtig.
☐ Ja, das ist gleich.
☐ Ja, das ist typisch.
☐ Ja, das stimmt.

3. Bilden Sie Sätze nach diesem Muster.
☐ Wählen Sie andere Sätze aus.
☐ Machen Sie Sätze wie die hier.
☐ Suchen Sie Beispiele im Text.

4. Studieren Sie das Programm.
☐ Lesen Sie das Programm vor.
☐ Diskutieren Sie über das Programm.
☐ Lesen Sie das Programm ganz genau.

5. Die Antworten sind gleich.
☐ Die Antworten unterscheiden sich nicht.
☐ Die Antworten passen zusammen.
☐ Die Antworten gefallen mir gut.

6. Ich verstehe das Wort nicht.
☐ Ich benutze das Wort nicht.
☐ Ich kenne das Wort nicht.
☐ Ich finde das Wort nicht wichtig.

Ü34

Sprache im Deutschkurs

Which sentences in each group mean the same thing as the numbered sentence? Kreuzen Sie an.

---

1. einen Rhythmus
2. das Wörterbuch
3. den Namen
4. eine Frage
5. einen Fehler
6. eine Situation
7. Informationen
8. ein Bild
9. Formen
10. nicht passende Wörter

_____ beantworten
_____ buchstabieren
_____ korrigieren
_____ benutzen
1. klopfen
_____ ansehen
_____ streichen
_____ spielen
_____ bilden
_____ notieren

Ü35

What goes together? Number the items.

„Diese Aufgabe ist so schwer!"
„Ich weiß die Antwort."
„Das ist in meiner Sprache ja genauso."
„Ich finde und finde keine Lösung."
„Was bedeutet das Wort … ?"
„Die Formen aus der Grammatik kann ich jetzt."
„Das muss ich noch einmal wiederholen."
„Ich verstehe das einfach nicht."
„Das ist ja ganz einfach!"
„Kann das stimmen, oder ist das falsch?"

Ü36

Which person is saying/thinking which sentence? Match them.

 Ü37

6 Aussprache

a) Wo hören Sie das „r"? Markieren Sie.

a) hö̱ren   wer   welcher   ergänzen   sprechen   Gruppe   Keller   vorstellen   fahren   hier

b) Lesen Sie halblaut mit.

b) Tür – Türen   Uhr – Uhren   ihr – ihre   schwer – schwierig   sie hört – wir hören

 Ü38

 [ə] und [ɐ] unterscheiden

Was hören Sie am Wortende? Kreuzen Sie an.

Beispiel: Sie hören *1. Schweizer*

	-e	-er
1. Schweiz-		X
2. Pol-		
3. Italien-		
4. Schwed-		

	-e	-er
5. Schül-		
6. Kolleg-		
7. Partn-		
8. Lehr-		

	-e	-er
9. leis-		
10. leid-		
11. dank-		
12. welch-		

 Ü39

a) Lesen Sie halblaut mit.
b) Sprechen Sie nach.

fünfter sein (*Ernst Jandl*)

tür auf	tür auf	tür auf	tür auf	tür auf
einer raus	einer raus	einer raus	einer raus	einer raus
einer rein	einer rein	einer rein	einer rein	einer rein
vierter sein	dritter sein	zweiter sein	erster sein	tagherrdoktor

Ü40

Rhythm game

Student A claps out a rhythm and B says the word that fits.

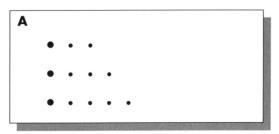

A

B Fußboden   Küchenstuhl   Bücherregal   Stadtzentrum   Turmwohnung   Eintrittskarte   Stadtmensch   Waschtisch   Neubauviertel   Handtuch   Hochhaus   Fernsehprogramm

(22)

Learning Tip! Say difficult words out loud often.

Alone:	*Stadtzentrum (Stadt – Zentrum)*
In expressions:	*im Stadtzentrum, im Stadtzentrum wohnen*
In a sentence:	*Wir wohnen im Stadtzentrum.*

Ü41

Akzent

a) Markieren Sie den Akzentvokal.

Land- ●	Bücher-	-regal ●	kalender
Bett-	Stadt-	-vokal	-decke
Turm- ●	Termin-	-karte	-zentrum
Welt-	Akzent-	-mensch	-wohnung

b) Schreiben Sie Komposita.
c) Markieren Sie den Rhythmus und sprechen Sie.

Turm und Wohnung → Turmwohnung

Land und ... →

Situationen:
• Über Wohnen sprechen
• Wo und wie ich wohne
• Wohnungseinrichtung beschreiben

Grammatik:
• Verb und Ergänzungen
• Personalpronomen im Akkusativ
• Personalpronomen im Dativ

R1

Was können Sie?
Markieren Sie:
++, +, −, − −.

Ich und die Gruppe:
• Ich spreche mit den anderen,
  wo und wie sie wohnen.
• Ich kenne die Wohnung meines
  Partners / meiner Partnerin.

Ich und das Lernen:
• Ich klebe Wort-Zettel auf meine
  Möbel.
• Ich spreche auf Cassette.

R2

Das mache ich.
Kreuzen Sie an.

R3

a) Sprechen Sie mit
Ihrem Partner /
Ihrer Partnerin über
die vier Fragen.

Wer wohnt wohl hier?

Wo steht das Haus?

Gefällt Ihnen das Haus?

Möchten Sie hier wohnen?

Das können wir:	Vermutungen äußern: wer dort wohnt	sagen, wo und wie jemand wohnt	sagen, wie mir etwas gefällt
• ich			
• Partner/Partnerin			

b) Bewerten Sie:
++, +, −, − −.

A

B

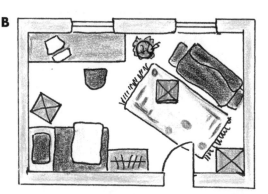

R4

a) Color the room.
Person A colors
picture A, person
B, picture B.
b) Describe
your room to your
partner.
c) Listen and color
according to
your partner's
description.

Das können wir:	ein Zimmer beschreiben	Wortschatz: Möbel	sagen, wo etwas ist
• ich			
• Partner/Partnerin			

d) Evaluate:
++, +, −, − −.

▶ Fragen Sie Bekannte und Freunde, wo und wie sie gerne wohnen möchten.
▶ Sprechen Sie mit Freunden und Bekannten über Wohnungen und Einrichtung.
▶ Was ist alles in Ihrem Zimmer? Sprechen Sie Ihren Text auf Cassette.
▶ Vergleichen Sie: Wie wohnt man in Ihrem Land? Wie wohnt man in den deutschsprachigen
  Ländern?

Moment mal!

Der Ballon

1 Zwei Mädchen – zwei Pferde

Ü1

Describing a picture

a) Which words do you know?
b) Which words go with the photograph?

Verben:
sein
haben
lächeln
stehen
aussehen
halten
denken
reiten
schütteln
sprechen

Substantive:
das Mädchen
das Pferd
das T-Shirt
die Freundin
das Haar
der Kopf
der Pullover
das Feld

Adjektive:
dunkel – hell
kurz – lang
klein – groß
schnell – langsam
stark – schwach
jung – alt
blond – braun – schwarz
schön – hässlich
sympathisch
zufrieden

Adverben:
vorne – hinten
links – rechts
oben – unten

Ü2

Write a story. Use the words from Ü1.

Auf dem Bild sind zwei Mädchen. Das Mädchen links ...

Ü3

Animal languages

What do these animals say in English?

3 Der Ballon

die Sonne
die Wolke
der Himmel

der Hügel
die Wiese
das Feld
der Baum
die Landschaft
das Haus
der Bauernhof

Das Wetter wechselt schnell. Erst Sonne, dann Regen. Karin steigt auf den Hügel; der Hügel liegt hinter dem Bauernhaus. Der Wind weht, und das ist schlecht für ihren Plan. Sie startet den Ballon: Er fliegt über das Land nach Westen. Sie sieht den Ballon noch lange.

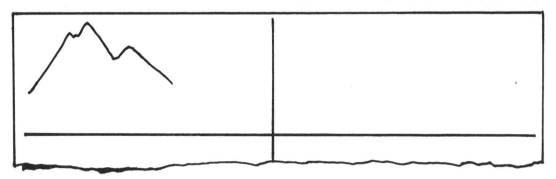

1. Es regnet.
2. Es schneit.
3. Der Himmel ist leicht bewölkt.
4. Der Himmel ist bedeckt.
5. Es gibt Schauer.

6. Die Sonne scheint.
7. Es ist heiter.
8. Das Wetter ist neblig.
9. Es gibt Gewitter.

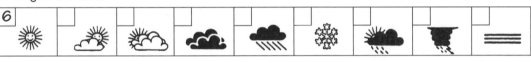

Das Wetter ist _____. Der Himmel ist _____. Es ist _____.

Ü4

Describing the weather and scenery

Which words do you know? Draw arrows.

Ü5

Compare to the text A5: Mark the incorrect statements.

Ü6

What is your favorite landscape? Where is it? Describe it.

Ü7

Drawing a landscape

a) Listen and draw what you hear.
b) Compare your pictures.

Ü8

Weather forecast

What's the weather like? Put the numbers next to the correct pictures.

Ü9

What is the weather like now? Write it down.

Ü10

Notieren Sie
Temperaturen.
Was ist heiß?
Was ist kalt?

heiß: _____

warm: _____

kühl: _____

kalt: _____

Ü11

a) Was hören Sie?
Kreuzen Sie an.

b) Wie sind die
Nacht-/Tages-
temperaturen?

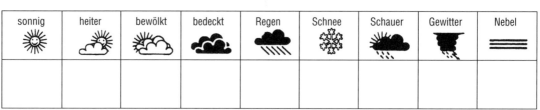

sonnig	heiter	bewölkt	bedeckt	Regen	Schnee	Schauer	Gewitter	Nebel

Ü12

Wie ist das Wetter
in Europa?
Sprechen Sie.

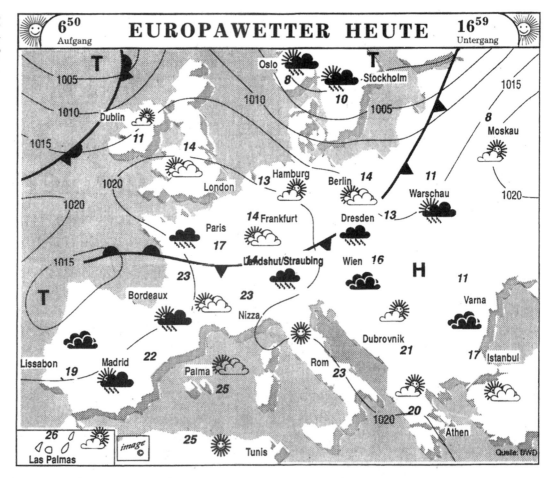

● Wie ist das Wetter in Oslo?   ○ In Oslo gibt es Schauer.
● Wie ist die Temperatur in Oslo?   ○ In Oslo ist es 8 Grad über Null.
● ...   ○ ...

4 Der Brief

Hallo, Jenny!

Ge___rn ist dein Luftba___on bei uns angekommen.

Er gefällt uns sehr. Wir haben ihn an der Bau___

gehängt.

Komms___ du ihn holen? Wir ___hnen hier.

　　　　　　V__le Grüße von Zdenky un__ Honzy

Ü13
Lesen Sie und ergänzen Sie den Text.

Jenny hat den Ballon vor 5 Tagen gestartet / sie hat ihren Namen und ihre Adresse auf den Ballon geschrieben er ist weit über das Land geflogen heute ist ein Brief aus der Tschechischen Republik angekommen Jenny hat sofort Karin angerufen

Ü14

The present perfect:
a) Mark the ends of the sentences.
b) Complete the table.

1	2	SATZKLAMMER		ENDE
Jenny	hat	den Ballon vor 5 Tagen		gestartet.

c) Complete the rule.

▶ RULE

Satzklammer: Perfekt

haben/sein: Position ☐ 　　　Partizip II: am _____

1. Jenny / auf einem Bauernhof / gelebt haben
2. Reiten / ihr Hobby / gewesen sein
3. Sie / ihre Adresse / auf einen Luftballon / gemalt haben
4. Sie / schnell / auf den Hügel / gestiegen sein
5. Das Wetter / schnell / gewechselt haben
6. Jenny / dunkle Wolken / am Himmel / gesehen haben
7. Der Ballon / nach Osten / geflogen sein
8. Nach fünf Tagen / Jenny / einen Brief bekommen haben
9. Sie / nur drei Wörter / verstanden haben
10. Zdenky und Honzy / den Ballon / gefunden haben
11. Jenny / mit Karin / telefoniert haben

Ü15

Past participle endings
a) Mark the particip endings in sentences 1.–11.

1, Jenny hat auf einem Bauernhof gelebt.
2, Reiten ...

b) Write out the sentences.

c) Complete the rule.

Regelmäßige Verben: Partizip II-Endung: **-(e)t** 　　*gelebt, geantwortet, gemalt*

Unregelmäßige Verben: Partizip II-Endung: **-** _____ _____

▶ RULE

Ü16

Regular verbs
a) Write the infinitives.

eingekauft: *einkaufen* ergänzt: _____ aufgehängt: _____

notiert: _____ gemalt: _____ gehabt: _____

gestartet: _____ gewartet: _____ vorbereitet: _____

erzählt: _____ entschuldigt: _____ angeschaut: _____

vorgestellt: _____ gelebt: _____ verkauft: _____

b) Put the past participles in the correct columns.

Typ 1 ohne Präfix:	**Typ 2** mit trennbarem Präfix:	**Typ3** mit nicht trennbarem Präfix / Endung -ieren:
ge-mal-t ...	*ein/ge-kauf-t*	*ergänz-t*

 Ü17

a) Write the sentences in the present perfect: *du* and *Sie*.
b) Ask your partner.

1. Verben mit Präfix notieren?
2. über das Thema „Wortschatzlernen" mitdiskutieren?
3. Regel richtig formulieren?
4. Hausaufgaben korrigieren?
5. Perfektformen markieren?

> du: 1a) Hast du die Verben mit Präfix notiert?
> Sie: b) Haben Sie ...?
> du: 2a) ...?

5 Der Traum

Ü18

Reporting about trips

a) Compare the pictures with text A12. Which pictures fit the text? Correct yourself.
b) Give a report about this dream trip.

① ② ③ ④

 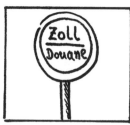  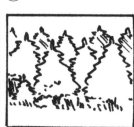

⑤ ⑥ ⑦ ⑧

1. Was sieht Jenny? _____

2. Was träumt sie? _____

3. Wie lange dauert die Reise? _____

4. Was nehmen Karin und Jenny mit? _____

5. Wie ist das Wetter? _____

6. Wie ist der Weg? _____

7. Wie kommen sie über den Fluss? _____

8. Wohin reiten Karin und Jenny dann? _____

9. In welches Land kommen sie? _____

10. Bald sind sie da. Was sehen sie? _____

| hin reiten | der Plan | die Sicht | die Sprache | der Traum | der Ritt |
| die Reise | die Planung | das Gespräch | die Aussicht | | |

Ü20
Wortfamilien
Schreiben Sie die
Wörter zu den
passenden Verben.

1. sprechen *die Sprache*_____   4. planen _____

2. sehen _____   5. träumen _____

3. reiten _____   6. reisen _____

| **Learning Tip!** | **Lernen Sie Wörter in Paaren!** | • *der Mensch – das Tier; der Fluss – die Brücke* |

• *das Pferd – reiten; der Ballon – fliegen*

• *einen Brief schreiben – einen Brief bekommen*

(23)

der Mensch _____   der Regen _____

das Mädchen _____   der Wind _____

das Pferd _____   die Landschaft _____

der Ballon _____   der Brief _____

der Fluss _____   die Zeichnung _____

Ü21
**Building
word pairs**

a) Find a fitting
second word for
each word given.
b) Read your word
pairs to the group.
Compare.

6 Jennys Brief an Karin

Learning Tip!	• Always learn the past participle with irregular verbs. • Write down the forms and a sample sentence in your notebook or vocabulary cards. Beispiel: *schlafen – geschlafen haben* *Ich habe 14 Stunden geschlafen.*

Ü22

Talking about the past

a) Fill in the infinitives and past participles.

b) What did you do yesterday? Pick the words and write a sentence.

Infinitiv	Partizip II	haben / sein	Beispielsatz
schlafen :	geschlafen	haben	*Ich habe gut geschlafen.*
aufwachen:	*aufgewacht*	sein	*Ich ...*
	aufgestanden	sein	
ein Bad _____	genommen	haben	
frühstücken:	_____	haben	
einkaufen:	_____	haben	
kochen:	_____	haben	
_____	gegessen	haben	
_____	getrunken	haben	
_____	gelesen	haben	
_____	geschrieben	haben	
telefonieren:	_____	haben	
fernsehen:	_____	haben	
zu Hause _____	geblieben	sein	
arbeiten:	_____	haben	
lernen:	_____	haben	
in die Disco _____	gegangen	sein	
besuchen	_____	haben	
_____	gewesen	sein	
...	...	...	

Ü23

Irregular verbs

a) Write the infinitives.
b) Put the past participles in the correct column.

aufgestanden: *aufstehen*   gegessen: _____   bekommen: _____

angekommen: _____   beschrieben: _____   geflogen: _____

verstanden: _____   gegangen: _____   eingeschlafen: _____

Typ 1 ohne Präfix:	Typ 2 mit trennbarem Präfix:	Typ3 mit nicht trennbarem Präfix / Endung -ieren
ge - gess - en *ge - ... - en*	*auf/ge-stand -en*	*bekomm -en*

Ü24

a) Ergänzen Sie.

1. schlafen: Wie lange _*haben*_ Sie

   *geschlafen* ?

2. aufstehen: Wann _____ du

   _____ ?

3. frühstücken: Was _____ du

   _____ ?

4. machen: Was _____ du gestern

   Abend _____ ?

5. fernsehen: _____ du gestern Abend

   _____ ?

6. essen: Was _____ du am Mittag

   _____ ?

7. lernen: _____ Sie auch Deutsch

   _____ ?

8. zu Hause bleiben: _____ Sie

   gestern zu Hause _____ ?

9. arbeiten: Wie lange _____ Sie

   _____ ?

10. sein: Wo _____ Sie am Wochen-

    ende _____ ?

b) Schreiben Sie eine Antwort.
c) Fragen Sie Ihren Partner / Ihre Partnerin.

> 1) Ich habe heute 7 Stunden geschlafen.
>
> 2) ...

Ein Gespräch am Bahnhof

● Hallo, wie geht's?

○ Gut. Und dir?

● Danke, auch gut. Ich bin etwas müde. Wann bist du abge-
fahren?

○ Um 6 Uhr 37. Zuerst bin ich in den Speisewagen gegangen
und habe einen Kaffee getrunken und die Zeitung gelesen.
In Mannheim bin ich umgestiegen. Da habe ich dann eine
Stunde gewartet. Der Zug ist zu spät angekommen. In
Frankfurt bin ich ausgestiegen und ein bisschen durch die
Stadt gegangen. Dann habe ich den Zug um 13 Uhr 28
genommen und habe geschlafen – ich bin gleich eingeschlafen. Kurz vor Freiburg bin ich aufgewacht! – Hast du
heute lange gearbeitet? Hast du schon gegessen?

● Nein, du kannst mich aber gern einladen, dann erzähle ich
dir von meinem Tag!

1. _*abfahren*_

2. _____

3. _____

4. _____

5. _____

6. _____

7. _____

8. _____

Ü25

**Present perfect
with „sein"**

a) Read the text.
b) What did the woman talk about while eating? Discuss this in pairs. Take notes and report to the whole class.
c) Which verbs build the present perfect with „sein"? Write them down.

1. Verben: „Bewegung ⟶ Ziel"
   „Veränderung → neuer Zustand" } Perfekt mit _____ .

2. Alle anderen Verben: Perfekt mit _____ .

⚠ *bleiben – geblieben sein; sein – gewesen sein*

 RULE

d) Complete the rule.

25

Learning Tip! • **Getting meaning from context.**
  • **Look up only important words in the dictionary.**

I don't understand
a word.
How do I continue?

↓

Is the word important? ———No———→ Read further.

Yes

1. Read the words
   which came
   before and after
   the unknown word.
2. Guess the meaning.

↓

Now I understand? ———Yes———→ Read further.

No

↓

Try to find the basic form of the word:
regnet – *regnen* = Verb: Infinitiv
Wolken – *Wolke* = Substantiv: Nominativ Singular
grauer – *grau*   = Adjektiv: ohne Endung

Look up the word in the dictionary!

———→ Read further.

• **Dreimal nachschlagen = Wort lernen**
  1. Nachschlagen: Markieren Sie das Wort im Wörterbuch mit einem Punkt.
  2. Nachschlagen: Machen Sie noch einen zweiten Punkt.
  3. Nachschlagen: Lernen Sie das Wort.

Ü26

**Working with a
dictionary**

What does …
mean?

a) Try to guess
the meaning.

b) Look it up in
the dictionary.

Der Himmel ist grau und bedeckt. Es (*nieselt*) – und ich habe keinen *Schirm* dabei.

a) *nieselt* = _____

   Schirm = _____

b) Infinitiv von *nieselt* = _____ Bedeutung: _____

   Schirm: Artikel _____ Plural _____ Bedeutung: _____

Flug nach Zürich

Die dicke Frau, der Pilot und ich gehen durch die riesengroße Halle des Flughafens von Frankfurt. Die dicke Frau geht in der Mitte, der Pilot und ich haben je einen Arm um sie gelegt. (…) Ich küsse die dicke Frau. Lächelnd gehen wir weiter. Auch der Pilot küsst die dicke Frau. Er ist per Autostop von Manchester gekommen, die Frau aus Berlin, und wir haben uns im Restaurant Hellas getroffen. Wir wollen zusammen bleiben, mindestens ein Jahr lang. Wir wollen eine Reise wie noch nie machen. (…)

Dann sehe ich den Ballon hinter einem startenden Jumbo-Jet. Ich klatsche in die Hände und springe auf und ab. Er steht ganz am anderen Ende des Flugfeldes. (…) Er ist halb vollgepumpt und sieht wie ein silbergrauer Pilz aus. „Dort!" schreie ich. Jetzt sehen ihn auch die dicke Frau und der Pilot. Wir rennen los. (…)

Stunden vergehen. Wir segeln nun in einem schönen, kräftigen Wind dahin. (…) Alle drei schauen wir auf die Landschaft unter uns. Ein

glitzernder Fluss fließt in der Ebene. Links von uns, in Fahrtrichtung, liegt ein waldiges Hügelgebirge, rechts, in der Ferne, ein zweites. „Das muss der Rhein sein, oder?" frage ich. Aber der Pilot kommt aus Manchester, er war zwar bei der Royal Air Force, aber er kennt nur die Flugplätze zwischen Schottland und Spitzbergen. Die dicke Frau kann sowieso Helsinki nicht von Palermo unterscheiden.

(Aus: Urs Widmer, *Schweizer Geschichten*)

Ü27

a) Read the text without a dictionary. What do you understand?
b) Mark the five central words in the first section: Look them up.

1	A/Akk.		das Verb	A		1	N
2	Adj.		das Substantiv	B		2	
3	Adv.		die Präposition	C		3	
4	D/Dat.		das Adjektiv	D		4	
5	e-s		das Adverb	E		5	
6	G/Gen.		eines	F		6	
7	j-n		keine	G		7	
8	k-e		jemanden	H		8	
9	N/Nom.		der Singular	I		9	
10	od.		der Plural	J		10	
11	z. B.		und	K		11	
12	Präp./Prp.		oder	L		12	
13	Sg.		der Nominativ	M		13	
14	Subst.		der Akkusativ	N		14	
15	u.		der Dativ	O		15	
16	V		der Genitiv	P		16	
17	Pl.		zum Beispiel	Q		17	

Ü28

Abbreviations and words
Match the columns.

9

7 Aussprache

 Ü29

Laute unterscheiden

a) Was hören Sie? Kreuzen Sie an.

b) Lesen Sie laut.

c) Welchen Laut hören Sie? Kreuzen Sie an. Sprechen Sie nach.

Beispiel: Sie hören *1. Posse*

1. Bosse	3. Buhmann	5. Donner	7. Döpler	9. Gast	11. Gerling
Posse ☒	Puhmann ☐	Tonner ☐	Töpler ☐	Kast ☐	Kerling ☐

2. Bahle	4. Bäumer	6. Dahlmann	8. Diekmann	10. Geitel	12. Guss
Pahle ☐	Peumer ☐	Thalmann ☐	Tiekmann ☐	Keitel ☐	Kuss ☐

Beispiel: Sie hören *1. gelb …*

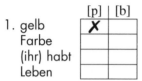

	[p]	[b]
1. gelb	☒	
Farbe		
(ihr) habt		
Leben		

	[t]	[d]
2. Sand		
oder		
und		
Boden		

	[k]	[g]
3. sagen		
Tag		
Morgen		
Weg		

 Ü30

a) Markieren Sie den Rhythmus.
b) Sprechen Sie.

Bild – Bilder   Land – Länder   Tag – Tage   Weg – Wege   Verb – Verben
● ● ●   ●

Wald – Wälder   Dialog – Dialoge   Pferd – Pferde   Feld – Felder   (er) fragt – fragen

Ü31

Questions–Answers

Role play. Exchange roles.

Kennst du … ?   **A**
1. Boris Becker oder Britta Bornebusch?
2. Peter Pan oder Pablo Picasso?
3. Doris Deppler oder Dagobert Duck?
4. Götz George oder Gesa Gerken?

… kenne ich nicht.
… kenne ich auch. … kenne ich.
B

Ü32

a) Read the first names out loud.
b) Make pairs: Say them with emotion!
c) Role play the situations in groups.

Thomas, Klaus, Peter, Theo, Paul, Lukas

Paula, Pia, Ute, Jutta, Karin, Christa

Theo?
Theo und Jutta??

Paula?? …

(26) **Learning Tip! Look at the audience in the pauses = Eye contact!**
Eye contact is important when speaking!

 Ü33

a) Ergänzen Sie.

b) Hören Sie auf Satzakzent, Pausen und Sprechmelodie.
c) Lesen Sie vor!

1. Karin und Jenny sin*d* Freundinnen.
2. Jenny le__t auf einem __auernhof in Nieder__ayern, __arin le__t in der Sta____.
3. Bei__e haben das __leiche Ho____y:
4. Reiten un__ Pfer__e.
5. Heute rei__en sie über die Fel__er, durch

den Wal__ bis zu dem Hü__el.
6. Da steht nur ein __aum.
7. Seine Blätter sin__ schon bun__: ro__, gel__, blau.
8. *Blau?* Das ist kein Blatt!
9. Da hän__t ja ein Luftballon im __aum!

RÜCKSCHAU

a) Sagen und verstehen:
- Menschen beschreiben
- Eine Landschaft beschreiben
- Das Wetter beschreiben

b) Ich und das Lernen:
- Ich rate Bedeutungen von Wörtern.
- Ich schlage nur zentrale Wörter nach.
- Ich markiere diese Wörter und lerne sie.

R1

Beschreiben

a) Das kann ich:
++, +, −, − −.
b) Das mache ich:
Kreuzen Sie an.

Grammatik: Perfekt
- Satzklammer beim Perfekt
- Partizip II von regelmäßigen Verben
- Partizip II von unregelmäßigen Verben
- Perfekt mit „haben" und „sein"
- Perfekt von trennbaren Verben

Form erklären	Form benutzen

R2

Wie gut können Sie das? Markieren Sie:
++, +, −, − −.

A
- Satzklammer beim Perfekt
- Perfekt von unregelmäßigen Verben

Jenny hat geschrieben:
„In Volary haben wir viele Luftballons an einem Baum gesehen. Wir haben uns gewundert: Haben Zdenky und Honzy die aufgehängt? Leider haben wir die beiden nicht gefunden."

B
- Partizip II von regelmäßigen Verben
- Partizip II von trennbaren Verben

R3

a) Explain the forms to your partner. Find examples in the text.
b) Compare with R2.

A
- vor 2 Wochen: am Meer sein
- am Strand spazieren gehen
- nette Leute treffen
- wir: viel lachen
- viel erzählen
- viel Spaß haben

B
- letzten Monat: in den Bergen sein
- in den Bergen spazieren gehen
- viel essen
- lange schlafen
- viel lesen
- nette Leute kennen lernen

R4

a) Write your partner a letter in the present perfect. Use key words.
b) Correct the partner letter with the key.

c) Evaluate:
++, +, −, − −.

Perfekt benutzen:	ich	Partner/Partnerin
• Position der Verben im Satz		
• Partizip II korrekt bilden		

     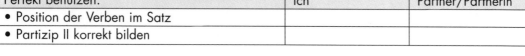

Dublin	London	Oslo	Helsinki	Brüssel	Berlin	Warschau	Paris

Zürich	Wien	Budapest	Madrid	Lissabon	Rom	Athen	Istanbul

R5

Pick 6 cities.
a) Describe the weather. Begin with: "In this city …"
b) Guess which city your partner is talking about.
c) Evaluate:
++, +, −, − −.

Sagen und verstehen:	ich	Partner/Partnerin
• Das Wetter beschreiben.		
• Substantive zum Thema „Wetter"		
• Verben und Adjektive zum Thema „Wetter"		

1 Wie komme ich von ... nach ...?

Ü1

Describing location

a) Where is Passau? Where is the Golf of Venice?
b) Find Austria, Italy, and Slovenia on the map. Mark the borders.

Ü2

Find the Donau on the map. Where does it originate? In which direction is it flowing?

Ü3

Describing the route

Look at the map and listen. Mark the route.

Ü4

Plan a trip from Venice to Leipzig:
a) You have little time. Find the shortest route. Describe it.
b) You have a week. Which cities would you like to discover? Why? Take notes.

Ü5

Bring a map of the USA to school. Where are the important cities and the beautiful places? How can you get to them? Explain in your group.

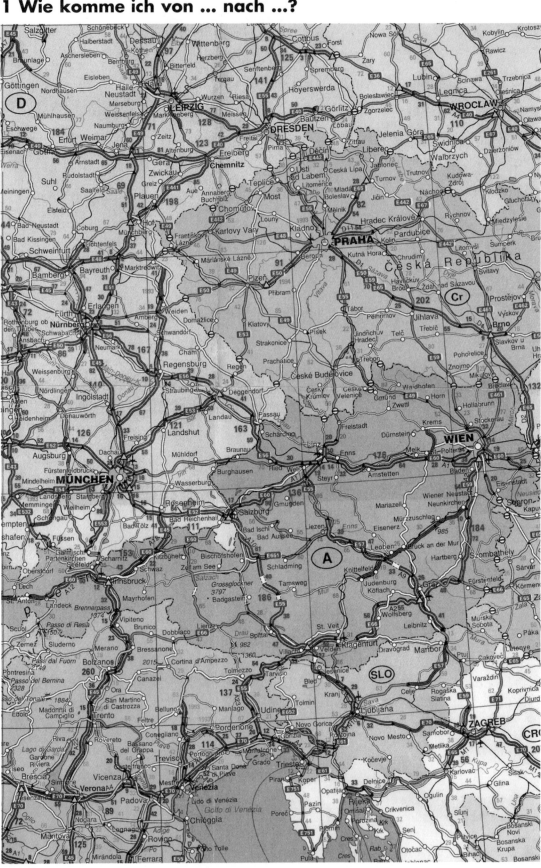

Von ..... über .... , über .... nach .... .

1. Wie komme ich am besten von München nach Leipzig? –

   Fahren Sie von München über Nürnberg und dann über Jena nach Leipzig.

2. (Wien – Verona) – Fahren Sie von _____

3. (Wrocław – Nürnberg) – Fahren Sie _____

4. (Innsbruck – Praha) – Fahren _____

5. (Zagreb – Leipzig) – _____

Ü6
a) Look at the map and complete the sentences.
b) Play with a partner. Find a route on the map.

Wien, 28. 8.

Lieber Peter, liebe Susi,
wir sind seit gestern in Wien!
Wir haben eine lange Reise gemacht:
Von Venedig sind wir

Ü7
You are taking a trip from Venice to Dresden by way of Vienna. In Vienna you write a card to your friends.

Wittenberg

(Berg/Fels)

Weissenfels

Ansbach

(Bach)

Fürstenfeld

(Feld)

Ü8

Place names

a) Read the names and find them on the map.
b) Find more names on the map (p. 100).

Nordhausen

(Haus/Hof/Heim)

Rosenheim

Magdeburg

(Burg)

Oberstdorf

(Brücke)

Innsbruck

(Dorf/Stadt)

Ingolstadt

(Kirche)

Neunkirchen

c) Are there similar place names in English? List them.

2 Rundflug

AB Ü9

Hören Sie den
Dialog. Was hören
Sie? Markieren Sie.

○ einen Rundflug   ○ schon oft geflogen   ○ vielleicht Angst   ○ dann rechts runter
○ einen Ausflug   ○ schon oft gemacht   ○ etwa Angst   ○ dann rechts rüber

○ etwa eineinhalb Stunden   ○ direkt über uns!   ○ He, was ist mit dir?
○ ungefähr eineinhalb Stunden   ○ direkt unter uns!   ○ He, wie geht es dir?

| zu | aus | beim | vom | zur | ~~seit~~ | zum | bei | mit | nach |

1. Sabine kann **seit** ein **em** Monat fliegen. 2. Heute hat sie ihren Freund Reiner ____ ein____
Rundflug eingeladen. 3. Die beiden gehen _____ Flugzeug, steigen ein und rollen ____ d___
Halle. 4. Sie fahren _____ d___ Flugzeug langsam _____ Startbahn. 5. _____ d____ Start
fliegen sie Richtung Wilhelmshaven. 6. _____ Flugzeug aus haben sie eine weite Sicht: die
Weser, Städte, das Meer, Schiffe ... . 7. Reiner hat Angst _____ Fliegen, aber er sagt nichts.
8. Später trinkt er _____ d___ Freundin Tee – da geht es ihm wieder gut!

1. Milena / seit / ein Jahr / in Deutschland / sein 2. Sie / seit / eine Woche / in Bremen /
wohnen 3. Sie / bei / eine Freundin / wohnen 4. Sie / von / der Bahnhof / mit / der Bus /
nach Hause fahren 5. Ihre Freundin / von / die Arbeit / immer zu Fuß nach Hause gehen
6. Sie / auch / mit / die Straßenbahn / fahren können 7. Dann / sie / nach / eine Station /
aussteigen

> *1, Milena ist seit einem Jahr in Deutschland.*

1. Ein Freund / Niklas und Reiner / zu / das Essen / eingeladen 2. Sie / bei / das Essen /
einen Plan diskutieren 3. Sie / mit / Freunde / eine Party organisieren 4. Sie / viele Kollegen
und Kolleginnen / zu / das Fest / einladen 5. Sie / nach / eine Stunde / nach Hause gehen
6. Niklas / zu / die Haltestelle / gehen 7. Er / mit / die Straßenbahn / fahren 8. Reiner /
lieber / mit / das Taxi / fahren

> *1) Ein Freund hat Niklas und Reiner zum Essen eingeladen.*

3 Platzkarte

○ Eine Rück_____ nach Frankfurt am Main, _____.

● Wann _____ Sie?

○ Heute _____, Samstag, _____.

● Also _____. Sie fahren _____?

○ Ja, bitte. Brauche ich eine _____?

● Die _____ sind sehr voll. Ferienanfang! _____ _____ nehmen Sie?

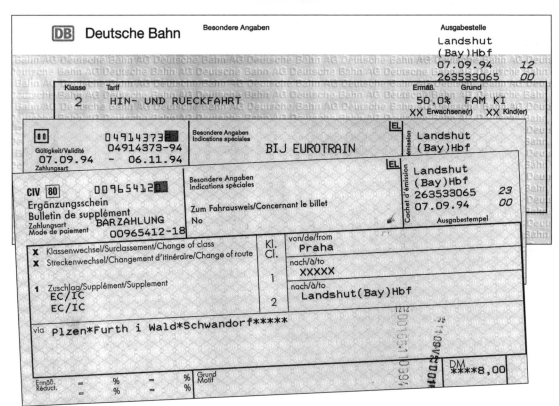

Ü12

a) Find the travel route on the map (p. 100).
b) How long is the ticket valid?
c) Is it a one-way or round-trip ticket?
d) Can you travel first or second class with this ticket? Why do you pay an extra fee (DM 8,–)?

__ 1. Ihre Fahrkarte, bitte!

__ 2. Ist der Preis reduziert?

__ 3. Ist das der Sparpreis?

__ 4. Haben Sie eine Platzkarte?

__ 5. Für eine Reservierung ist es zu spät.

__ 6. Erster oder zweiter Klasse?

__ 7. Wann fährt der nächste Zug nach Berlin?

__ 8. Einfach nach Linz, bitte.

__ 9. Eine Rückfahrkarte nach Bremen, bitte.

__ 10. Haben Sie keinen Sitzplatz?

__ 11. Muss ich Zuschlag bezahlen?

__ 12. Nach Bern, hin und zurück.

Ü13

Wer sagt was? Ordnen Sie die Sätze den Fotos zu.

10

Ü14

a) Read and look at the pictures. Match the pictures with the sentences.

__ 1. Der Zug nach Bern fährt um 10.57 auf Gleis 3.

5 2. Endlich fährt der Zug ab.

__ 3. Der Zug kommt gerade an.

__ 4. Der Zug hält an. Nur wenige Leute steigen aus.

__ 5. Ein Mann verabschiedet sich von seiner Mutter.

__ 6. Achtung, Achtung, Gleis 3! Der Schnellzug nach Bern hat ca. 5 Minuten Verspätung.

__ 7. Der Zug ist noch nicht angekommen.

__ 8. Der Zug steht. Viele Leute steigen ein.

__ 9. Achtung, Achtung an Gleis 3! Der Zug fährt ab!

b) Tell a story. Use the present perfect.

Ü15 **Gespräch im Zug**

a) Read the dialog: Is the second person glad to be traveling? Which means of transportation does she not like? Why?

— Sie sind oft unterwegs?

— Ja, leider, ich reise viel, aber ich reise überhaupt nicht gern. Ich hasse die Technik, die moderne Technik.

— Warum denn?

— Schauen Sie, die Züge sind immer voll und haben immer Verspätung. Wenn man schlafen will, kommt der Schaffner. Wenn man einen Platz sucht, ist er sicher reserviert. Ich hasse Züge.

— Aber dann nehmen Sie doch das Flugzeug!

— Das Flugzeug? Unmöglich! Da sterbe ich vor Angst.

— Und im Auto?

— Im Auto wird mir schlecht. Auf dem Schiff auch. Nichts zu machen!

— Ja, dann bleiben Ihnen nicht mehr viele Möglichkeiten …

b) Make a suggestion to the second person.

c) Role play a similar conversation.

In diesem Moment fährt der Zug ab. 10 Uhr 53: genau nach Fahrplan, pünktlich. Unser Wagen ist fast leer. Die Fahrkarte lege ich für den Schaffner auf den Tisch. Dann lege ich mich hin und schlafe ruhig ein.

Wann fährt der Zug ab?
Wann komme ich an?
Wie lange dauert die Fahrt?
Kannst du mich abholen?
Ist das ein IC?

Hat der Zug einen Speisewagen?
Hat er Schlafwagen oder Liegewagen?
Kann man im Zug etwas essen?
Muss ich umsteigen?
Fährt der Zug auch am Sonntag?

Ü16

Play in pairs. Ask as many questions as possible. Your partner has the schedule and will give you information. Use the questions above.

A

Sie wohnen in München. Sie möchten eine Freundin in Bielefeld besuchen. Sie diskutieren am Telefon über die Reise. Ihre Freundin hat einen Fahrplan und gibt Ihnen Auskunft. Sie möchten am liebsten in der Nacht reisen.

Bielefeld

km 751 → München ←

ab	Zug	an	Bermerkungen
2.55	D	39247	10.05
4.30	D	243	11.05	47 U Hann ICE ⚒ U Fulda ⚒
4.41	E	3903	11.05	47 61 U Hann ICE ⚒
5.45	N	3741	12.05	47 U Hann ICE ⚒
			47 U Altenbek IR ⚒ ⑪ U KS-Wilhelm ICE ⚒
7.23	IR	2445	12.49	⑪ 47 U Hann ICE ⚒
8.13	IC	543	14.05	⚒ 47 U Hann ICE ⚒
9.23	IR	2447	15.05	⚒ 47 U Hann ICE ⚒
9.58	IR	2457	16.05	⑪ 47 U KS-Wilhelm ICE ⚒
10.13	IR	608	16.05	⚒ 47 U Hann ICE ⚒
11.23	IR	2449	17.05	⑪ 47 U Hann ICE ⚒
12.13	IC	506	18.05	⚒ 47 U Hann ICE ⚒
13.23	IR	2643	19.05	⚒ 47 U Hann ICE ⚒
14.13	IC	604	20.05	⚒ 47 U Hann ICE ⚒
15.23	IR	2645	20.49	⑪ 47 U Hann ICE ⚒
16.13	IC	500	22.05	⚒ 47 U Hann ICE ⚒
17.23	IR	2647	23.05	⑪ 47 U Hann ICE ⚒
17.58	IR	2555	3.00	⑪ 47 U KS-Wilhelm ICE ⚒ U Stuttg E 61
18.13	EC	102	0.05	⚒ 47 U Hann ICE ⚒
20.26	E	3939	4.09	73 U Hann D ⚒ 61
21.13	IC	549	6.07	⚒ 47 76 U Hann D
22.27	E	3943	7.18	U Hann D ⚒ 🛏 ⚒

E *Eilzug*
N Zug des Nahverkehrs
IR Inter-Regio
IC Inter-City
ICE Inter-City-Express
EC Euro-City
🛏 Schlafwagen

B

Sie wohnen in Bielefeld. Sie möchten einen Freund in München besuchen. Sie diskutieren am Telefon über die Reise. Ihr Freund hat einen Fahrplan und gibt Ihnen Auskunft. Sie reisen nicht gern in der Nacht.

München

Bielefeld

ab	Zug	an	Bermerkungen
1.52	D	1298	9.28	🛏 61 76 U Hann E
4.54	ICE	684	10.32	⚒ 47 U Hann E
5.54	ICE	884	11.44	⚒ 47 U Hann IR ⑪
7.12	ICE	682	12.32	⚒ 47 U Hann IC ⚒
7.54	ICE	882	13.44	⚒ 47 U Hann IR ⑪
8.54	ICE	788	14.32	⚒ 47 U Hann IC ⚒
9.54	ICE	786	15.44	⚒ 47 U Hann IR ⑪
10.54	ICE	680	16.32	⚒ 47 U Hann IC ⚒
11.08	IC	780	17.28	76 26 61 U Hann E
11.54	ICE	784	17.44	⚒ 47 U Hann IC ⚒
12.54	ICE	588	18.32	⚒ 47 U Hann IR ⑪
13.54	ICE	586	19.44	⚒ 47 U Hann IC ⚒
14.54	ICE	584	20.32	⚒ 47 U Hann IR ⑪
15.54	ICE	880	21.44	⚒ 47 U Hann IC ⚒
17.54	ICE	580	0.52	⚒ 47 U Hann D 61
18.54	ICE	986	0.52	⚒ 47 U Fulda ⚒ U Hann D
			61
23.06	D	1988	6.32	🛏 🛏 🛏 nur ⚒ U Hann IR ⑪
23.17	D	1924	9.11	🛏 🛏 🛏 nur 76 22 U Köln IC ⚒

🛏 Liegewagen
⚒ *Bord Restaurant*, Zugrestaurant
⑪ *Bistro Café*, Zugrestaurant; Getränke und kleines Speisenangebot
Ⴤ Speisen und Getränke im Zug
U Umsteigen
⚒ an Werktagen
† an Sonn- und allg. Feiertagen

4 Lieber mit der Bahn

Ü17

Means of transportation

Look at the pictures. Which means of transportation do you use in your city?

regelmäßig

selten

die U-Bahn

nie

das Auto

das Motorrad

 Ü18

Either/or prepositions (1)

Accusative or dative? Complete the rule.

 RULE

| **Wohin** reisen Sie? | **In die** Schweiz.
An den Rhein.
Auf die Insel Rügen. | **Wo** bleiben Sie drei Tage? | **In der** Schweiz.
Am Rhein.
Auf der Insel Rügen. |

| **Wohin?**
Richtung / Bewegung | **in / an / auf** | **Wo?**
Position / Ruhe |

Ü19

Plan a dream trip. Discuss the trip with your partner. Write out your plans and present them to the class.

in die Schweiz, die Türkei, der Bayerische Wald, die Alpen, die Hauptstadt von Polen, die Tschechische Republik, das Tessin, die Toskana

nach Frankreich, England, Norwegen, Österreich, Italien, Hessen, Bayern, Zürich, Wien, Kreta, Australien, China, Marokko, Brasilien, Korea, Simbabwe, Hawaii

an der Rhein, die Donau, die Weser, die Moldau, der Bodensee, die Nordsee, der Atlantik, der Wolfgangsee, der Genfer See

auf die Kanarischen Inseln, die Balearen, die griechischen Inseln, die Insel Rügen

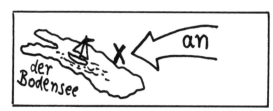

● Wohin möchten Sie reisen?

○ Wir fahren zuerst in/nach/an/auf …. und dann … .

● Wie lange bleiben Sie in/an/auf …?

○ In/An/Auf … bleiben wir … Tage/Wochen/Monate und in/an/auf … .

Ü20

Planning a trip

a) Choose a destination as a class.

b) In groups, collect arguments for/against various means of transportation. Use also the sentences to the right.

mit dem Zug   mit dem Flugzeug   mit dem Bus   mit dem Fahrrad   mit dem Schiff   zu Fuß

Ich möchte lieber aufs Land.

Ich habe Städte nicht gern.

Das geht nicht schnell genug.

Wir haben zu wenig Zeit.   Das dauert mir zu lange.

Ich habe Angst.

Das kostet zu viel.   Das ist viel zu teuer.   Das geht zu schnell.

Mir wird schlecht.

So eine Reise, nie wieder!

So eine angenehme Reise!

Opposites

a) Write down the positive words and expressions.

b) Write a story: A comfortable / uncomfortable trip.

1. unbequem	1. _____
2. teuer	2. _____
3. voll	3. _____
4. langsam	4. _____
5. es dauert lange	5. _____
6. zu spät kommen	6. _____
7. unpünktlich	7. _____
8. _____	8. _____

1. Wir brauchen ungefähr 5 Stunden für die Fahrt.

2. Ab Passau nehmen Sie die Bundesstraße 12 bis zur Grenze.

3. Das Angebot gilt von 19 Uhr abends bis 2 Uhr morgens.

4. Kannst du mich noch schnell anrufen?

5. Die Straße führt von Passau nach Norden.

____ Das Ticket ist von 19 Uhr abends bis 2 Uhr morgens gültig.

____ Kannst du dich bitte kurz bei mir melden?

____ Die Straße geht von Passau Richtung Norden.

____ Die Strecke können wir in etwa 5 Stunden schaffen.

____ Von Passau fahren Sie auf der Bundesstraße 12 bis zur Grenze.

Ü22

Similar meanings
Which sentences have similar meanings? Match the numbers.

1. der Fahrplan —— die Abfahrt —— die Ankunft —— ~~zweite(r) Klasse fahren~~

2. die Fahrkarte —— hin und zurück —— der Bahnhof —— einfach

3. der Preis —— der Sonderpreis —— die Strecke —— reduziert

4. der Sitzplatz —— der Zug —— reservieren —— die Platzkarte

5. der Platz —— die Reise —— sitzen —— ein Reservierung haben

6. einsteigen —— aussteigen —— umsteigen —— bezahlen

7. die Richtung —— der Schaffner —— kontrollieren —— das Ticket vorweisen

Ü23

Was passt nicht? Streichen Sie.

Learning Tip! Lernen Sie Wörter in thematischen Reihen.
   Beispiele: der Fahrplan – die Abfahrt – abfahren – die Ankunft – ankommen
   einsteigen – aussteigen – umsteigen

Ü24

Where? or Where to?

a) Ask the questions and check the correct column.
b) With which prepositions can you say „wo" and „wohin"?

	Wo?	Wohin?
1. Kannst du nicht **hinter dem Bahnhof** parken?	X	
2. Wir gehen dann zu Fuß **zum Bahnhof**.		
3. Ich warte **vor dem Kiosk** auf dich.		
4. Schau mal, sind das Zigaretten **unter der Bank**?		
5. Da läuft ein Hund **hinter den Kiosk**.		
6. Der Zug fährt **von Gleis 3** ab.		
7. Sie verreisen allein? Und wer bleibt **bei den Kindern**?		
8. Wir müssen **vor den Speisewagen**: Da ist die 2. Klasse!		
9. Hängt das Jackett **neben dem Hut**?		
10. Mein Jackett habe ich **über den Koffer** gelegt.		
11. Schau das Bild an: eine Boeing 707 **über den Bergen**!		
12. Hast du die Fahrkarten **zwischen die Zeitungen** gelegt?		
13. Die Fahrkarten sind **zwischen unseren Ausweisen**.		
14. Sie können Ihren Hut **neben meinen Sitz** legen.		
15. Haben Sie den Koffer **unter den Sitz** gestellt?		

c) Complete the rule.

RULE

Wohin? ➡	*in, an, auf, ...*	**Wo?**
Richtung / Bewegung	_____	Position / Ruhe
AKKUSATIV	_____	DATIV

Ü25

Either/or prepositions (2)

Fill in the blanks.

1. ● Kommst du mit **ins** Kino?   ○ Ja, ich bin um 8 Uhr a**m**___ Eingang.

2. ● Ich gehe schon a_____ Schalter und kaufe die Karten!   ○ O.K., ich warte dann v_____ Tür.

3. ● Ich gehe schon i_____ Theater.   ○ Gut, wir können uns i____ Foyer treffen.

4. ● Ich muss noch schnell i_____ Büro gehen.   ○ O.K., dann treffen wir uns später i____ Café Overbeck.

5. ● Ich gehe schon i_____ Hotel.   ○ Gut, in einer halben Stunde bin ich i_____ Bar.

6. ● Ich gehe schon zur Straßenbahn.   ○ O.K., ich bin in fünf Minuten a_____ Haltestelle.

7. ● Kommst du um 12 i_____ Mediothek?   ○ Nein, ich treffe Klaus i_____ Mensa.

8. ● Wollen wir heute Abend tanzen gehen?   ○ Gern, treffen wir uns um neun Uhr am Eingang v_____ Disco?

Ü26
a) Where is what?
Describe the picture.
b) Where would you like to put which things? Ask questions and answer them.

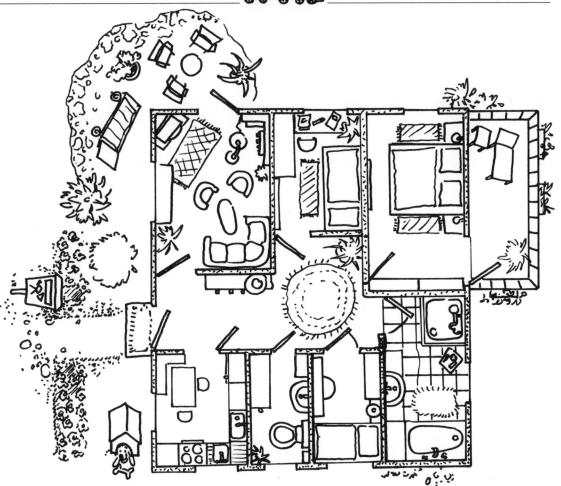

Städtereisen Herbst/Winter

Im Katalog von railtour suisse werden über 50 europäische Städte angeboten, die jetzt im Winter einen Besuch lohnen. Wer kulturell interessiert ist, findet eine breite Auswahl an Museen, Galerien, Theatern, Musicals und Opern. Eintrittskarten für die Aufführungen können im Voraus bestellt werden.
Bahn und Hotel heißt die Formel. Sie haben nicht viel mehr zu tun, als mit dem gepackten Koffer in den Zug ein- und am Ziel wieder auszusteigen und zu genießen. Den Rest erledigen wir von VCS-Reisen.

Ü27
Project "City trips"
Get some brochures from a travel agency:
– Which city interests you?
– How can you get there?
– What would you like to see or do in this city?
– What will it cost all together?

10

5 Aussprache

Ü28

Laute unterscheiden

a) Was hören Sie? Kreuzen Sie an.

b) Lesen Sie vor.

Beispiel: Sie hören *1. Fenz*

1. Fenz ✗ Wenz ☐	3. Wichtel ☐ Fichtel ☐	5. Kuse ☐ Kusse ☐	7. Wißling ☐ Wieseling ☐	9. Sieger ☐ Stieger ☐
2. Gräfer ☐ Gräwer ☐	4. Wesper ☐ Vesper ☐	6. Reißer ☐ Reiser ☐	8. Passelmann ☐ Paselmann ☐	10. Rauscher ☐ Rauster ☐

Ü29

a) Welchen Laut hören Sie? Markieren Sie.

b) Notieren Sie die markierten Buchstaben. Wie heißt der Satz?

Beispiele: Sie hören *was*, ...

	[s]	[z]		[f]	[v]		[s]	[ʃ]
was	A	B	Brief	A	G	Schweiz	D	I
lösen	C	L	Wetter	L	U	Osten	N	S
Pause	D	L	gewinnen	Ö	C	Sprache	U	E
Süden	K	E	negativ	H	Z	(du) hast	Z	X
passen	S	W	Video	N	T	Schule	K	E
singen	H	B	treffen	S	M	Künstler	I	B
Person	I	R	für	E	P	Stuhl	D	T

A _ _ _ _ _   _ _ _ _ _ _   _ _ _ _   _ _ _ _

Ü30

Sprechen Sie nach.

1. Franz, wir haben Glück mit dem Wetter!
2. Wir fliegen weiter die Weser entlang.
3. Das Wetter ist schön, wir sehen alles.
4. Sag mal, Sabine, wie oft fliegst du?
5. Seit zwei Jahren fliege ich fast jeden Sonntag.

Ü31

a) Notieren Sie den Laut.

b) Hören und vergleichen Sie.

sprechen	Pau**s**e	Kur**s**raum	buch**st**abieren	er**w**achen	positi**v**
[ʃp]	[ ]	[ ]	[ ]	[ ]	[ ]

Po**st**karte	Bei**sp**iel	(zu) Hau**s**e	be**st**ellen	**zw**ei	Kur**s**	Kun**st**
[ ]	[ ]	[ ]	[ ]	[ ]	[ ]	[ ]

Ü32

a) Ergänzen Sie die Laute.

b) Suchen Sie Wort-Beispiele.

Lesen:	Wo?	Sprechen:	Beispiele:
1. -s, -v, -st	Wort- und Silben**ende**	[s] [ ] [ ]	Kurs,
2. sp-, st-, s-	Wort- und Silben**anfang**	[ ] [ ] [ ]	

(28) **Learning Tip!** – Make-up your own pronunciation exercises.
– Read them out loud at home every day.
– Discuss your exercises with your teacher.

Ü33

Pronunciation practice

Which sounds are difficult for you? Find examples.

Beispiel: „Ich kann [z] nicht gut sprechen. Ich kann [v] und [b] nicht unterscheiden. ...."

Laut(e): [z]		
Beispielwörter:	Ausdrücke:	Kurze Sätze / Mini-Dialog:
Pause, so, ...	Pause machen, ...	Wir machen Pause!

Situationen:
- Lage und Weg beschreiben
- eine Fahrkarte kaufen
- Fahrplanauskunft

Grammatik / Wortschatz:
- Wechselpräpositionen
- Präpositionen mit Dativ
- Wortschatz: Reisen

R1

Das kann ich:
++, +, −, − −.

R2

You live in Altenburg. A friend from Chemnitz wants to come by car to visit you. Write her a letter and describe the route.

A ①

Sie wohnen in Gera und laden einen Freund / eine Freundin aus Altenburg ein.

....

Eine Freundin / Ein Freund lädt Sie ein. Fragen Sie nach dem Weg.

B

Sie wohnen in Penig und laden einen Freund / eine Freundin aus Chemnitz ein.

....

Eine Freundin / Ein Freund lädt Sie ein. Fragen Sie nach dem Weg.

R3

a) Speak with your partner. Role play the two situations.

A ②

Sie leben in Hamburg und wollen mittags nach Buxtehude. Sie nehmen den Zug oder die S-Bahn.
- Fragen Sie, wann Sie fahren können.
- Fragen Sie nach dem Preis.

....

Sie verkaufen Fahrkarten und geben Auskunft.

		RE	RE	S
Cux	ab	7.17	8.17	9.17
HH Hbf	an	9.05	10.05	11.05
Preis:	Regionalzug (RE) 30 DM			

B

Sie verkaufen Fahrkarten und geben Auskunft im Hamburger Hauptbahnhof.

		S	RE	S
HH Hbf	ab	11.57	11.58	12.27
Buxtehude	an	12.34	12.35	13.04
Preis:	S-Bahn: 8 DM, Regionalzug (RE) 11 DM			

Sie leben in Cuxhaven und wollen mit dem Zug nach Hamburg fahren. Sie wollen morgens fahren.
- Fragen Sie, wann Sie fahren können.
- Fragen Sie nach dem Preis.

Das können wir:	jdn. einladen	Weg beschreiben	Fahrkarte kaufen	Auskunft geben
• ich				
• Partner/Partnerin				

b) Evaluate:
++, +, −, − −.

Andreas lebt s ___ ein __ Jahr i _ Oldenburg. Heute will er eine Woche a __ Meer. Er fährt

m __ d __ Bus z __ Bahnhof und steigt dort i _ d __ Zug n___ Norddeich. I _ Norddeich

geht er z __ Hafen. Viele Menschen stehen a_ Hafen und wollen a __ d __ Schiff. A __

d __ Schiff setzt sich Andreas i _ d __ Sonne. Ein dicker Mann kommt und stellt sich v __

ih _. Andreas sieht den Mann an. Was will der Mann v __ ih _? Warum steht er v __ ih _ ?

R4

a Ergänzen Sie den Text.

b) Vergleichen Sie mit R1.

▶ Welche deutschsprachigen Städte, welche Landschaften möchten Sie gerne einmal besuchen? Machen Sie ein Reiseprogramm!

▶ Welche Städte und Landschaften in Ihrem Land sind interessant? Wie kommt man dorthin? Wie lange dauert die Reise von einem Ort zum anderen? Machen Sie ein Reiseprogramm!

Moment mal!

Florenz an der Elbe

1 Eine Stadt im Wandel

Ü1

Discovering a city

Write the words on the photo

die Brücke	das Ufer	der Turm	das Schloss	die Kirche	die Oper
die Terrasse	der Fluss	die Wiese	das Schiff	die Ruine	

Ü2

a) What do you see in the painting by Kokoschka? Take notes.
b) Compare with others in the class.

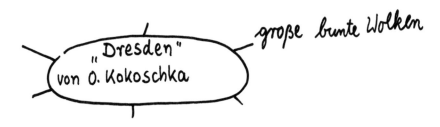

„Dresden" von O. Kokoschka

große bunte Wolken

Ü3

Putting information in order

a) Which title go with which text?
b) Which photos from the textbook (p. 72–73) go with which texts?

A Die Zerstörung **B Die Hauptstadt von Sachsen** **C Die neue Stadt der DDR**

D Zentrum für Kunst und Kultur **E Immer beliebter bei Touristen** **F Demonstrationen: der Anfang vom Ende**

① Seit 1990 ist Dresden wieder die Hauptstadt von Sachsen. Sachsen ist eines von den fünf „neuen Bundesländern" der Bundesrepublik Deutschland.

② Am 13. Februar 1945 wird Dresden fast völlig zerstört. Das alte Dresden gibt es nicht mehr.

③ Wiederaufbau seit 1945: Dresden soll eine ganz neue Stadt des neuen Staates DDR werden. Nur einige wichtige Gebäude und Sehenswürdigkeiten werden wieder aufgebaut. Die Prager Straße ist Symbol für das neue Dresden.

④ Dresden war und ist ein Zentrum für Kunst und Kultur. Die bekanntesten Gebäude und Sehenswürdigkeiten sind aus dem 18. Jahrhundert, aus dem Barock. Aus dieser Zeit ist auch der Name „Florenz an der Elbe".

⑤ In Dresden leben heute etwas mehr als eine halbe Million Einwohner. Viermal so viele Menschen besuchen die Stadt jährlich als Touristen.

⑥ Im Jahr 1989 finden am Bahnhof und in der Hofkirche große Demonstrationen gegen die Politik der DDR statt.

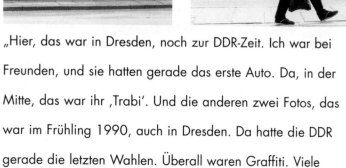

Ü4

Talking about the past

a) Mark the verb forms.

„Hier, das war in Dresden, noch zur DDR-Zeit. Ich war bei Freunden, und sie hatten gerade das erste Auto. Da, in der Mitte, das war ihr ‚Trabi'. Und die anderen zwei Fotos, das war im Frühling 1990, auch in Dresden. Da hatte die DDR gerade die letzten Wahlen. Überall waren Graffiti. Viele waren für die deutsche Vereinigung, aber nicht alle."

b) Write the verb forms down in the table.

c) Complete the table. Compare with page 79 in the textbook.

PERSONAL-PRONOMEN	sein		haben	
	PRÄSENS	PRÄTERITUM	PRÄSENS	PRÄTERITUM
ich				
du				
Sie				
er/es/sie				
wir				
ihr				
Sie				
sie				

Warum wart ihr gestern nicht in der Schule? ● ○ …

Nein, wir hatten gestern nicht frei! ● ○ …

Wo warst du am Vormittag, Peter, und wo warst du, Paul? ● ○ …

Nein, ihr wart auch nicht zu Hause. Das weiß ich. ● ○ …

Warum seid ihr gestern nicht in die Schule gekommen? ● ○ …

Man hat euch gestern in der Stadt gesehen. ● ○ …

Doch, ihr wart gestern in der Stadt. Was habt ihr dort gemacht? ● ○ …

Ü5

Past tense: „war" and „hatte"

a) How are Peter and Paul answering?

b) Where were the two of them?

Ü6

Comparison of adjectives

Mark all the adjectives in the text.

Das Foto zeigt die Prager Straße in den dreißiger Jahren. Sie war schmal und hatte eine Straßenbahn. Alle Häuser waren gleich hoch, alle hatten vier Stockwerke. Die Prager Straße war bis 1945 die wichtigste Einkaufsstraße von Dresden. Hier waren die schönsten Geschäfte. Da haben die Leute am liebsten eingekauft.

Heute stehen in der Prager Straße keine alten Häuser mehr. Die Häuser sind jetzt viel größer und höher, mit Geschäften, Wohnungen und Büros. „Die kleinen Häuser haben mir besser gefallen", sagen viele ältere Leute aus Dresden.

Ü7

a) Write in the adjective forms.
b) Correct using the forms in the textbook, page 78.

POSITIV	KOMPARATIV	SUPERLATIV
schmal	schmaler	am schmalsten
		am höchsten
		die wichtigste (Einkaufsstraße)
		die schönsten (Geschäfte)
gern	lieber	
		am ältesten
groß		
klein		
gut		am besten

Ü8

Write down the adjectives with umlauts in pairs. Example: „alt – jung; älter – jünger"

Adjektive mit **Umlaut** im Komparativ und Superlativ: **a**lt – **ä**lter – am **ä**ltesten

a>ä: alt, arm, kalt, warm, stark, schwach, krank, scharf, schwarz, hart, lang, nah (am nächsten)

o>ö: groß (am größten), hoch (höher)

u>ü: jung, kurz, klug, dumm, gesund

2 Der „Sachsenmarkt"

Ü9

At the market

Read the text A9 again. Then build sentences.

Die Leute	geht		auf den Markt.
Am Freitag	lebt und arbeitet	Kunden und Händler	in Dresden.
Auf dem Markt	kommen	miteinander	ins Gespräch.
Dagmar	vergleichen	Dagmar	die Angebote.
Die Menschen	trinken		ein Glas Bier.

Am Freitag geht Dagmar auf den Markt.

Guten Tag, was darf es sein? ●   ○ Ein Pfund _____ und zwei Paprika.

Sonst noch ein _____? ●   ○ Geben Sie mir noch einen _____, bitte.

Alles? Das macht _____ ●   ○ Und was _____ die Äpfel hier?

5 Mark 20, _____.

2 Mark 80 das Kilo. ●   ○ Geben Sie mir noch vier _____.

5 Mark 20 und 2 Mark 10, das ●   ○ Bitte.

_____ dann zusammen 7 Mark 30.

Und 2 Mark 70 _____. ●   ○ Wiedersehen!

Danke und auf Wiedersehen!

Ü10

Ergänzen Sie den Dialog.

Wie teuer sind die italienischen Äpfel?	1		A	Ja, die sind sehr süß und saftig.
Die Birnen zu 4 Mark 80, woher sind die?	2		B	Selbstverständlich, das Pfund 50 Pfennig.
Kann ich zwei Pfund Kartoffeln haben? Und was kosten sie pro Pfund?	3		C	Ein Stück 1 Mark 20, zwei Stück zwei Mark.
Sind die Zwiebeln aus eigener Ernte?	4		D	Die kosten 2 Mark 80 das Kilo.
Wie viel kosten zwei Stück Salat?	5		E	Ja, die sind aus unserer Gärtnerei.
Die Orangen, sind die auch wirklich süß?	6		F	Die sind aus Südafrika.

Ü11

Welche Antworten passen zu den Fragen 1–6? Ordnen Sie zu.

Antwort: wichtige Informationen:

1. Sind die Kartoffeln biologisch? _____ _____

2. Wie schmecken die Orangen? _____ _____

3. Wie viel kosten die Äpfel? _____ _____

4. Haben Sie auch billigere Orangen? _____ _____

5. Sind die Tomaten auch richtig reif? _____ _____

Ü12

a) Welche Antwort passt? Notieren Sie.

b) Hören Sie noch einmal: Notieren Sie zwei wichtige Wörter.

Ü13

Which informations are missing from the signs? Write questions.

Äpfel Italien 380

ZITRONEN Stück 0,30 ISRAEL

Orangen sehr süß und saftig Marokko

TOMATEN! Sonnengereift nur 2,20

Paprika rot DM 6,90 spanien

BIRNEN 4,80 DM Klasse II

Kartoffeln eigene Ernte 10-Pfund-Sack 4,−

Zwiebeln biologisch

Salat pro Stück 1,20 2 Stück 2,−

3 Die Großkaufhalle

	richtig	falsch

Ü14

Hören Sie den Text von A14 noch einmal. Was ist richtig, was ist falsch? Kreuzen Sie an.

1. Dagmar geht am liebsten auf den Markt.

2. In der Nähe von ihrer Wohnung ist ein alter „Tante-Emma-Laden".

3. Dort gibt es auch Brot und Fleisch.

4. Gleich um die Ecke ist eine Drogerie.

5. In der Großkaufhalle ist die Atmosphäre auch angenehm.

6. Dagmar kauft dort Lebensmittel, Waschmittel und viele andere Dinge.

7. Sie kennt die Leute im kleinen Laden um die Ecke schon sehr lange.

Ü15

Comparisons

a) Mark the verbs and comparisons.

1. „Das Gemüse ist auf dem Markt frischer als in der Kaufhalle", sagen die Kunden.

2. „Im Sommer finde ich den Markt besser als im Winter", sagt Frau Breitner.

3. „Auf dem Markt ist es nicht billiger als im Geschäft", findet Annette.

4. „Das Angebot ist auf dem Markt nicht kleiner als im Geschäft", meint Dagmar.

1. Die Waren sind in der Kaufhalle nicht so frisch wie auf dem Markt.

2. „Im Winter finde ich den Markt nicht so gut wie im Sommer."

3. Auf dem Markt ist es genauso teuer wie im Geschäft.

4. Das Angebot ist im Geschäft genauso groß wie auf dem Markt.

b) Complete the rule.

RULE

Vergleiche mit Komparativ:	**Vergleiche mit Positiv:**
Adjektiv im _____ +	(genau-) _____ + _____ +

Ü16

Write comparisons.

1. Das Einkaufen geht einfach und schnell.
2. Das Angebot ist gut.
3. Die Bedienung ist freundlich.

4. Ich finde die Atmopshäre nett.
5. Die Waren kosten viel.
6. Ich gehe oft … .

Das Einkaufen geht im Supermarkt einfacher …
Das Einkaufen geht auf dem Markt nicht so…

Ü17

Mini-Einkauf

Was können Sie für DM 0,50 kaufen? Notieren Sie fünf Dinge.

Iglo Schlemmerfilet oder Fischstäbchen
400 g-Packung **2,88**

Coca-Cola
0,33 Liter-Dose **0,49**

Bio-Vollmilch
1 Liter-Flasche **1,69**

Camembert
45% Fett i. Tr.
125 g-Packung **2,49**

Gemüsesaft, Karottensaft, Tomatensaft
6 x 0,75 Liter-Flaschen
Kasten **13,74**

Joghurt „Starfrucht"
200 g-Becher **–,79**

Konfitüre
Erdbeere, Aprikose,
Kirsche oder Himbeere
450 g-Glas **1,99**

Ü18

Packaging

a) What types of packaging are in this advertisement? Markieren Sie.

Flasche	Becher	Dose	Glas	Packung

b) What is in the packaging? Write it down and complete the table.

der Rucksack

der Korb

der Einkaufswagen

die Plastiktüte

Ü19
Describe one of these photographs.

4 Der Laden von Günter Otto

 Ü20

Superlative

a) To which words do the adjectives belong?

Der Laden von Günter Otto ist <u>der älteste</u> Laden von Dresden.

SUPERLATIV mit _____ = attributiv

In der Prager Straße waren die Geschäfte <u>am schönsten</u>.

„_____" mit „am" + SUPERLATIV = prädikativ

b) Complete the rule.

RULE

Das Adjektiv ist **attributiv** gebraucht: ARTIKEL + SUPERLATIV + _____

Das Adjektiv ist **prädikativ** gebraucht: „_____" + „am" + SUPERLATIV

Ü21

a) Look up the last word in the compounds in the dictionary.
b) What superlatives are there in your city?

Superlative in und um Dresden

die größte Raddampferflotte

das nordöstlichste Weinanbaugebiet

das teuerste Tafelgeschirr

die älteste deutsche Gartenstadt

(Aus: Merian-Heft „Dresden")

(29) **Learning Tip! 1. Teilen Sie die Wörter:** die Raddampfer/*flotte*, *das Wein/anbau/gebiet*
2. Suchen Sie zuerst das letzte Wort: *die Flotte, das Gebiet*

Ü22

a) Write down the three things or titles.

	1.	2.	3.
a) große deutsche Städte	*Berlin*	*Essen*	*Dresden*
b) schöne Filme			
c) gute Bücher			
d) interessante Länder			
e) esse ich gern			
f) finde ich toll			

b) Write sentences like the sample sentence.
c) Compare with your classmates: What are the "hits"?

Dresden ist ziemlich groß, Essen ist größer, aber Berlin ist am größten.

Die feindlichen Schwestern
von Franz Hohler

Zwei Schwestern hatten sich schon lange nicht mehr gesehen, weil sie sich in ihrer Jugend im Streit getrennt hatten. Die ältere war groß und reich und hatte von der jüngeren nur gehört, dass sie klein und arm sei.

Die jüngere war klein und arm und hatte von der älteren nur gehört, dass sie groß und reich sei.

Als sie sich nach Jahren wieder trafen, sah die ältere, dass die jüngere wirklich klein und arm war, und die jüngere sah, dass die ältere wirklich groß und reich war.

Trotzdem fanden sie Gefallen aneinander.

„Weißt du was?" sagte die jüngere, „wir könnten doch wieder zusammenziehen."

„Abgemacht", sagte die ältere, „du kommst also zu mir."

1. Zwei Schwestern haben sich in ihrer Jugend getrennt.
2. Die ältere ist groß und reich. Sie hört, die jüngere ist arm.
3. Die jüngere ist klein und arm. Sie hört, die größere ist reich.
4. Nach vielen Jahren treffen sie sich. Sie sehen, die ältere ist wirklich reich, und die jüngere ist wirklich arm.
5. Sie mögen sich wieder.
6. Die jüngere schlägt vor: „Ziehen wir wieder zusammen."
7. Die größere sagt: „Du kommst zu mir."

Ü23

A Fairy Tale
a) Read the text.
b) Mark the places in the text where sections 1–7 begin.

c) Continue the fairy tale.

Ein, kein oder mehrere Geschwister?
von Hans Manz

Ein Kind sagt: Ich bin das jüngere.
Eines sagt: Ich bin das jüngste.
Eines sagt: Ich bin sowohl das älteste wie das jüngste.
Eines sagt: Ich bin weder das älteste noch das jüngste.

_____ keine Geschwister

_____ eine Schwester oder ein Bruder

_____ zwei oder mehr Geschwister

Ich: *Ich bin das ...* _____

Ü24

Komparativ
a) Mark the adjective forms.

b) Write down the correct lines from the poem.

c) What is true for you? Write it down.

Zwei Schwestern, **die ältere** und **die jüngere** (von den beiden), … .	
Ich bin **das jüngere** (von zwei Geschwistern).	
Komparativ ohne „als"	

Ü25

Laute unterscheiden

a) Wo hören Sie [ç]? Markieren und lesen Sie.

b) Wo hören Sie [r]?

5 Aussprache

Beispiel: Sie hören *a) suchen, ...*

a) suchen   Küche   auch   brauchen   welche   manchmal   betrachten   Fach

sie möchte   doch   Licht   natürlich   vergleichen   Kirche   er lacht

b) sie fährt   schreiben   dahinter   rot   verbinden   führen   sehr   weiter   reisen

---

 Ü26

Welchen Laut hören Sie? Kreuzen Sie an.

Beispiel: Sie hören *a) 1. aufwachen, ...*

	1.	2.	3.	4.	5.	6.
a) [x]	X					
[k]						

	1.	2.	3.	4.	5.	6.
b) [ç]						
[ʃ]						

 Ü27

Sprechen Sie die Sätze nach.

1. Jansen? – Ja, Jutta Jansen.
   Jäckel? – Ja, Kolja Jäckel aus Jena.

2. Ratlos? Wer ist Rudi Ratlos?
   Rainer Maria? – Ja, Rainer Maria Rilke.

3. Mechthild Sichtermann aus München.
   Michael Specht aus Vechta.

4. Das ist Jochen Koch aus Bochum. –
   Ach, Jochen kommt auch aus Bochum?

 Ü28

Recognizing rules

a) Write down the words from Ü25 a). Mark the letters which come before „ch", and complete the rule.

Wann spricht man „ch" wie in ...?

ich [ç]: _Küche,_ _____

ach [x]: _____

RULE

Man spricht „ch": [x] nach: __ __ __ __; [ç] nach allen anderen Buchstaben.

b) Write down the pairs and say them out loud.

d̶o̶c̶h̶   n̶i̶c̶h̶t̶   Sprache   Fach   Dach   d̶i̶c̶h̶

sprechen   Dächer   wichtig   Buch   Nacht

Nächte   Woche   Fächer   Bücher   noch

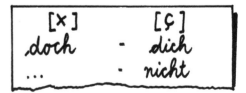

---

 (30)

Learning Tip! • **Experimentieren Sie mit Texten:** Sprechen Sie wie eine Sportreporterin, ein Politiker, ein verliebter Mann / eine verliebte Frau ...
• **Finden und sprechen Sie *Ihren* Text.**

Ü29

Experimentieren Sie mit einem Text von A20.

▶ Üben Sie den Text ohne Worte: Sprechen Sie nur mit Gesicht, Augen, Händen, Füßen!
▶ Sprechen Sie zu zweit, in der Gruppe ...
▶ Sprechen Sie mit steigender/fallender Intonation, leise/laut, langsam/schnell, sachlich/emotional (mit Wut, Angst, Freude, Liebe ...).

Das kann ich auf Deutsch:
- Informationen über eine Stadt verstehen ☐
- Möglichkeiten zum Einkaufen vergleichen ☐
- Waren auf dem Markt nennen ☐
- Qualitäten vergleichen ☐

Grammatik:
- Graduierung der Adjektive: ☐
  - Komparativ bilden ☐
  - Superlativ bilden ☐
  - Graduierung von „gut", „viel", „gern" ☐
- Präteritum von „sein" und „haben" ☐

R1

Das kann ich:
++, +, −, − −.

Eine andere Stadt an der Elbe ist Magdeburg. Es liegt (nördlich) _____ und ist etwas (klein) _____ (wie/als) _____ Dresden. Magdeburg ist ein (wichtig) _____ Verkehrsknotenpunkt mit dem (groß) _____ Binnenhafen von Ostdeutschland. Genauso (wie/als) _____ Dresden, war Magdeburg im Jahre 1945 stark zerstört. Heute gibt es nur noch (wenig) _____ alte Gebäude, die (viel) _____ Häuser sind aus unserer Zeit. Man kann sich das Kloster „Unserer Lieben Frauen" (1064–1160) ansehen. Dieses Kloster ist eines der (bedeutend) _____ romanischen Gebäude in Deutschland. Am Alten Markt steht der Magdeburger Reiter. Er ist wahrscheinlich das (alt) _____ Reiterdenkmal in Deutschland.

R2

a) Ergänzen Sie die passenden Wörter bzw. Wort-Formen.

b) Korrigieren Sie mit dem Lösungsschlüssel.

c) Analysieren Sie Ihre Fehler.

d) Vergleichen Sie mit R1.

Graduierung der Adjektive:	2 Positive	2 Komparative	4 Superlative	2 „wie / als"
Wie viel haben Sie richtig?	___ von 2	___ von 2	___ von 4	___ von 2

A

Sie kaufen auf dem Markt und in der Metzgerei.

Das ist für Sie wichtig:
– die Frische: ++!
– die Qualität: ++!
– die Freundlichkeit: +
– die Nähe zur Wohnung: +

B

Sie kaufen im Supermarkt und beim Bäcker.

Das ist für Sie wichtig:
– der Preis: ++!
– die Bequemlichkeit: +
– die Schnelligkeit: ++!
– die Qualität: +

R3

a) Sprechen Sie mit Ihrem Partner / Ihrer Partnerin: Wo kaufen Sie was? Warum kaufen Sie dort?

Das können wir:	Waren benennen	Qualitäten vergleichen	Graduierung der Adjektive
• ich			
• Partner/Partnerin			

b) Bewerten Sie: ++, +, −, − −.

Wo?	Was?	Warum?
• *im Supermarkt*	• • *Käse* •	1. 2. 3.
•	•	•
	•	

R4

a) Hören Sie den Dialog: Wo kauft der Mann seine Lebensmittel? Was kauft er dort?
b) Hören Sie den Dialog noch einmal: Warum kauft er dort?
c) Korrigieren Sie.

d) Vergleichen Sie mit R1.

Essen und Trinken

1 Die Party

Ü1

Expressing assumptions, doupts and wishes

a) Mark the words in every sentence which are in the box above.
b) Read the sentences without these words. Do they still fit the photograph?

| vielleicht   wohl   eigentlich   hoffentlich |
| wahrscheinlich   sicher   kaum |

Wer kommt heute wohl?
Ist Mario vielleicht auch da?
Warum macht Claudia eigentlich ein Fest?
Das ist vielleicht doch zu chic, oder geht das?
Dieses T-Shirt ist wahrscheinlich zu leger.
Das passt wohl kaum zu dem Rock!
Es gibt sicher viele gute Sachen zu essen.
Mein Kuchen schmeckt hoffentlich gut!

Ü2

Which words from Ü1 fit in the sentences? Complete the dialog.

1. Warum kann Michi _eigentlich_ nicht kommen? ●

○ Ich weiß nicht, _____ mag er einfach nicht?

2. Wer kommt _____ zuerst? ●

○ _____ Eva. Die ist immer sehr pünktlich.

3. Ich schau noch mal in die Küche. ●

○ Sei nicht so nervös, du hast _____ nichts vergessen.

4. Ist das genug Brot? Was meinst du? ●

○ Ich glaube nicht, das ist _____ zu wenig. Aber jetzt ist es zu spät.

5. Habe ich _____ Frau Weiß angerufen? Ich bin nicht mehr sicher. ●

○ _____ hast du das. Oder soll ich noch schnell anrufen?

6. Beate bringt _____ ihren neuen Freund mit. Kennst du ihn? ●

○ _____, ich habe ihn nur einmal kurz getroffen.

Ü3

Form pairs and role play a telephone conversation.

A

Sie sind am 8. Juni nicht da. Sie machen ein paar Tage Urlaub. Danach möchten Sie Claudia besuchen.

B

Sie können erst später kommen. Sie haben eine Feier im Büro. Aber Sie kommen sicher.

C

Sie möchten mit Ihrem Freund / Ihrer Freundin kommen. Fragen Sie Claudia.

Ü4

Excusing oneself

You cannot go to a party. Write a short letter.

Sehr geehrte Frau Weiß!
Herzlichen Dank für Ihre ...

Mit freundlichen Grüßen
Ihr (e)

Vielen Dank / Danke für ...

Ich habe ... bekommen.

Es tut mir leid, ich kann ... / Leider kann ich...

Am 8. Juni habe ich ... / An dem Tag muss ich ...

Schade, ich habe ...

Hoffentlich ...

Liebe Claudia,
ich habe deine Einladung ...

Bis bald!
Liebe Grüße
dein (e)

Commands/ directions/ requests

Check the verb forms you hear.

1.
- ☐ nehmen Sie ...
- ☐ bleiben Sie ...
- ☐ steigen Sie ... aus
- ☐ fahren Sie ...
- ☐ lassen Sie ... stehen
- ☐ gehen Sie ...
- ☐ Haben Sie keine Angst!
- ☐ Seien Sie so nett!

2.
- ☐ nehmt ...
- ☐ bleibt ...
- ☐ steigt ... aus
- ☐ fahrt ...
- ☐ lasst ... stehen
- ☐ geht ...
- ☐ Habt keine Angst!
- ☐ Seid so nett!

3.
- ☐ nimm ...
- ☐ bleib ...
- ☐ steig ... aus
- ☐ fahr ...
- ☐ lass ... stehen
- ☐ geh ...
- ☐ Hab keine Angst!
- ☐ Sei so nett!

Ü6

a) Compare the imperative and present tense verb in the table: Mark the difference in the imperatives.

INFINITIV	gehen	nehmen	fahren	warten	haben	sein
PRÄSENS						
2. Sg. „du"	gehst	n**i**mmst	f**ä**hrst	wartest	hast	bist
2. Pl. „ihr"	geht	nehmt	fahrt	wartet	habt	seid
2. Sg./Pl. „Sie"	gehen	nehmen	fahren	warten	haben	sind
IMPERATIV						
2. Sg. „du"	geh!	n**i**mm!	⚠ f**a**hr!	warte!	hab!	sei!
2. Pl. „ihr"	geht!	nehmt!	fahrt!	wartet!	habt!	seid!
2. Sg./Pl. „Sie"	gehen Sie!	nehmen Sie!	fahren Sie!	warten Sie!	haben Sie!	seien Sie!

b) Complete the rule.

1. Der **Imperativ 2. Sg. „du"** hat meistens _____ Endung.

   ⚠ Verben mit **-d** od **-t** am Stamm-Ende (re**d**-en, war**t**-en) haben die Endung **-____**.

2. Die Verbformen **Präsens und Imperativ 2. Pl. „ihr"** sind immer _____

   und haben die Endung **-(e) __**.

3. Die Verbformen **Präsens und Imperativ 2. Sg./Pl. „Sie"** sind meistens _____

   und haben die Endung **-____**.

   ⚠ Sie **sind** (Präsens) / **seien** Sie! (Imperativ)

RULE

Ü7

What are the hosts saying? Write it down.

1. sich selbst Getränke nehmen (Sie)
2. hereinkommen (du)
3. sich selbst bedienen (ihr)
4. sich selbst etwas vom Büffet holen (ihr)
5. mir helfen (du)
6. von der Reise erzählen (Sie)

1) Nehmen Sie sich selbst Getränke, bitte!

2)

Ü8

Asking for something

What are the guests asking? Write it down.

1. mir ein Glas Wasser geben 2. mir das Rezept aufschreiben 3. mir das WC zeigen
4. mir ein Taxi rufen 5. mir dieses Buch leihen 6. mir ein Stück Brot bringen

1) Kannst du mir ein Glas Wasser geben, bitte?

2) Können Sie ...

2 Am Büfett

Ü9

Organizing a Party

Welches Wort passt nicht? Warum? Streichen Sie.

1. das Glas ——— die Flasche ——— ~~der Teller~~ ——— der Becher
2. das Geschirr ——— das Messer ——— die Gabel ——— der Löffel
3. der Teller ——— die Tasse ——— die Platte ——— das Besteck
4. der Herd ——— der Topf ——— die Schüssel ——— die Pfanne
5. die Serviette ——— das Tischtuch ——— die Vase ——— der Topf
6. der Herd ——— das Backrohr ——— der Kühlschrank ——— die Mikrowelle

Ü10

a) Form groups: What are you bringing to the party?
b) Each group selects important things for the other group and writes them down.

A Getränke

1. Lebensmittel

_____

_____

2. Geschirr etc.

_____

_____

C Vegetarisches

1. Lebensmittel

_____

_____

2. Geschirr etc.

_____

_____

B Speisen mit Fleisch/Fisch

1. Lebensmittel

_____

_____

2. Geschirr etc.

_____

_____

D Süßes

1. Lebensmittel

_____

_____

2. Geschirr etc.

_____

_____

Ü11

Wie kann man auch sagen? Kreuzen Sie an.

1. Hast du das schon versucht?
   - ☐ Hast du schon gegessen? (A)
   - ☐ Wie schmeckt dir das? (B)
   - ☐ Hast du das probiert? (C)

2. Wie schmeckt dir die Suppe?
   - ☐ Wie isst du die Suppe am liebsten? (A)
   - ☐ Wie findest du die Suppe? (B)
   - ☐ Ist die Suppe nicht gut? (C)

3. Du musst auch den Salat probieren.
   - ☐ Lass mich den Salat versuchen! (A)
   - ☐ Kannst du mir den Salat geben? (B)
   - ☐ Probier doch auch den Salat! (C)

4. Das Brot ist nicht mehr frisch.
   - ☐ Das Brot ist nicht besonders gut. (A)
   - ☐ Das Brot ist schon ein bisschen alt. (B)
   - ☐ Ich esse nicht gern Brot. (C)

5. Ich mag Lasagne nicht.
   - ☐ Ich esse nicht oft Lasagne. (A)
   - ☐ Lasagne esse ich nicht gern. (B)
   - ☐ Ich esse nie viel Lasagne. (C)

6. Ich bin satt.
   - ☐ Ich habe keinen Hunger mehr. (A)
   - ☐ Ich esse nicht viel. (B)
   - ☐ Das Essen schmeckt mir nicht. (C)

1. **Der Ober** — bedient — **die Dame** .
   Subjekt · Verb · Ergänzung Akk. **Wen?**

2. **Er** — bringt — **ihr** — **das Essen** .
   Subjekt · Verb · Ergänzung Dat. **Wem?** · Ergänzung Akk. **Was?**

Ü12

Personal and reflexive pronouns

In which sentences is the subject and the person in the completer the same? Markieren Sie.

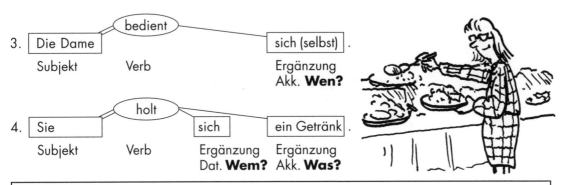

3. **Die Dame** — bedient — **sich (selbst)** .
   Subjekt · Verb · Ergänzung Akk. **Wen?**

4. **Sie** — holt — **sich** — **ein Getränk** .
   Subjekt · Verb · Ergänzung Dat. **Wem?** · Ergänzung Akk. **Was?**

| Subjekt und Ergänzung: **gleiche Person/Sache → Reflexivpronomen** (Akkusativ oder Dativ) |

RULE

---

1. Ich habe dich lange nicht mehr gesehen.

2. Ich habe mich sehr über die Einladung gefreut.

3. Der Ober bringt ihm die Karte.

4. Warum soll ich mich hinten anstellen?

5. Beeilen Sie sich!

6. Die Leute unterhalten sich über viele Themen.

7. Er holt sich ein Glas Wein vom Büfett.

8. Darf ich Ihnen einen Aperitif anbieten?

SUBJEKT	AKK. ERG.	DAT. ERG.
ich	*dich*	—
ich		—
		ihm
		—
		—
		—

Ü13

a) In which sentences is the subject and the person in the completer the same? Markieren Sie.
b) Complete the table.

PERSONAL-PRONOMEN:	NOM.	ich	du	Sie	er	es	sie	wir	ihr	Sie	sie
REFLEXIV-PRONOMEN:	AKK.	mich	dich	**sich**		**sich**		uns	euch	**sich**	**sich**
	DAT.	mir	dir								

Ü14

a) Compare the forms of the personal pronoun in the Textbook on p. 55.
b) Complete the rule.

RULE

| Die Formen des Personalpronomens und des Reflexivpronomens sind gleich bei

ich, _____ . |

Ü15

Use the reflexive
verbs:
Fill in the blanks.

1. Christine fragt Claudia: „Wie soll ich _____ ?" (sich anziehen)

2. Händler und Kunden _____ auf dem Markt.   (sich treffen)

3. Frau Breitner möchte _____ auf dem Markt _____ .   (sich umschauen)

4. „Hast du Zeit? Wir haben _____ lange nicht _____ ."   (sich unterhalten)

5. Christine hat _____ über die Einladung _____ .   (sich freuen)

6. „Können Sie _____ nicht hinten _____ !"   (sich anstellen)

7. „Schnell, schnell, wir müssen _____ !"   (sich beeilen)

8. „Schau mal, das habe ich _____ heute _____ ."   ⚠ (sich etwas kaufen)

9. „Er kommt gleich, er _____ schnell Zigaretten."   ⚠ (sich etwas holen)

(31)

**Learning Tip! Merken Sie sich zu reflexiven Verben einen kurzen Satz mit *ich*
oder *du* als Subjekt:**

s<u>ich</u> beeilen: Beeil <u>dich</u>!   <u>sich</u> etwas holen: Ich hole <u>mir</u> Zigaretten.

↑_____AKK._____| ↑_____DAT._____|

Ü16

**Prepositional
completers**

Answer the
questions.
Draw arrows.

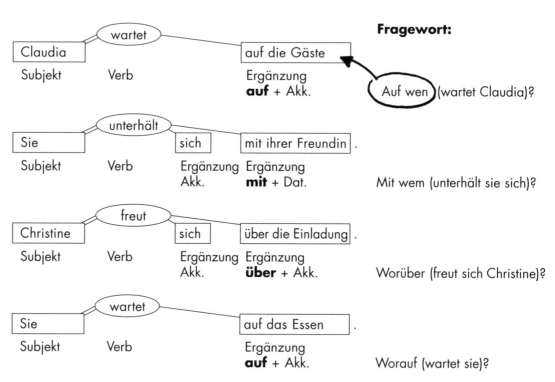

Fragewort:

Claudia — wartet — auf die Gäste
Subjekt   Verb   Ergänzung **auf** + Akk.
Auf wen (wartet Claudia)?

Sie — unterhält — sich — mit ihrer Freundin .
Subjekt   Verb   Ergänzung Akk.   Ergänzung **mit** + Dat.
Mit wem (unterhält sie sich)?

Christine — freut — sich — über die Einladung .
Subjekt   Verb   Ergänzung Akk.   Ergänzung **über** + Akk.
Worüber (freut sich Christine)?

Sie — wartet — auf das Essen .
Subjekt   Verb   Ergänzung **auf** + Akk.
Worauf (wartet sie)?

RULE

Many verbs have a completer with a preposition = prepositional completer.

The preposition is also used in the question asking about the completer:

* with people: Präposition + **wen?** oder **wem? → auf wen?**, **mit wem?**, …

* with things: **wo(r)-** + Präposition **→ worüber?**, **worauf?**, **womit?**, …

| über wen? | zu wem? | an wen? | von wem? | bei wem? | für wen? | auf wen? | ... |
| worüber? | woran? | wovon? | wozu? | wofür? | wobei? | worauf? | ... |

Ü17

Verbs with prepositional completers

a) People or things as prepositional completers? Mark them with two different colors.
b) Write down the interrogative.

Fragewort:

1. Claudia wartet auf ihre Gäste. *Auf wen?*

2. Herr Probst erzählt den Touristen etwas über Bern. _____

3. Die Schränke gehören nicht zur Küche. _____

4. Das gelbe T-Shirt passt überhaupt nicht zu dir. _____

5. Van Gogh hat einen Brief an seinen Bruder Theo geschrieben. _____

6. Jenny träumt von einer Reise. _____

7. Sie erzählt ihrer Freundin von dem Brief aus Volary. _____

8. Yin meldet sich kurz bei Susanne. _____

9. Die Leute unterhalten sich über schöne und weniger schöne Dinge. _____

| **auf**, **über**, **an** ...: Präposition beginnt mit Vokal | → **wor-**: **worauf?**, **worüber?**, **woran?** |
| **zu**, **von**, **für** ...: Präposition beginnt mit Konsonant | → **wo-**: **wozu?**, **wovon?**, **wofür?** |

RULE

3 Rezepte

in einen Topf gießen • erhitzen • dazugeben • rühren • 10 Minuten kochen • abkühlen lassen

g e n i e ß e n

Zubereitung für _____

w ü r z e n

servieren • darüber streuen • auf den Teller geben • klein schneiden • schälen • einrühren

Ü18

a) Read the text A10 again.
b) Match the drawings with the expressions.

c) What do you prepare in this way?

	Ich	mein Partner / meine Partnerin
Ihre liebste Speise?		
Das esse ich am häufigsten:		
Das geht am schnellsten:		
Wo essen Sie am liebsten?		
Das schrecklichste Essen:		

Ü19

a) Beantworten Sie die Fragen.
b) Fragen Sie Ihren Partner / Ihre Partnerin und notieren Sie.

Learning Tip! Bei Rezepten schreibt man Aufforderungen meistens im Infinitiv:

Butter erhitzen. statt: *Erhitzen Sie die Butter!*

4 Essen im Restaurant

Ü20

A Meal

Describe a special meal.

Wer war dabei?

Wann war das? **Wann?**

Wer?

Ein besonderes Essen

Wo war das?

Wo?

Wie?

Wie hat es geschmeckt?

Wie war die Atmosphäre?

Wie sieht der Ort aus?

Was war besonders?

Was ist passiert? **Was?**

Ü21

Ordering in a Restaurant

a) Listen again to the conversation A13. What is different? Mark the differences.

b) Fill in the blanks with the text from the cassette.

● Haben Sie schon etwas gefunden?

○ Nein, ich hab eine Frage: Was heißt das,

„Gemüse überbacken mit Kartoffeln"?

● Das sind frische Gemüse, je nach Saison,

alle aus unserem Garten.

○ Holen Sie mir das, bitte.

● Möchten Sie auch eine Suppe? Suppentopf?

Knoblauchrahmsuppe? Eine große Salatplatte?

Ach ja, wir haben heute auch eine Kartoffelsuppe.

○ O ja, das ist eine gute Idee, die nehme ich.

● Eine Kartoffelsuppe und „Nudeln überbacken". –

Und was möchten Sie trinken?

○ Ich bekomme ein Mineralwasser.

● Ihr Mineralwasser, bitte. Entschuldigung,

aber es gibt große Probleme: Das „Gemüse

überbacken" gibt es nicht mehr. Das ist leider

aus. Hier ist noch mal die Speisekarte.

So heißt es im Gespräch (auf Cassette):

_____

_____

_____

_____

_____

_____

_____

_____

_____

_____

_____

_____

_____

_____

_____

_____

Ü22

a) Where can you eat better? Compare the two places.

b) Where does the food taste better to you? Explain.

das Essen ist gut/schlecht

es geht schnell/langsam

es ist warm/kalt

man kann sitzen / nicht sitzen

es ist billig/teuer

es kostet wenig/viel

bequem/unbequem

...

12.00

um

bis

gegen

● Was machst du am Abend? Wir gehen ins Kino.

○ Wann beginnt der Film? Ich muss _____ sieben Uhr arbeiten.

● Wir gehen _____ neun. Der Film dauert zwei Stunden, _____ elf Uhr.

○ Dann bin ich so _____ halb zwölf zu Hause, das geht.

Ü23 🔑

Temporal Prepositions (*um, bis, gegen*)

Fill in the blanks with the correct prepositions.

Learning Tip! am + Tageszeit: **am Morgen, am Mittag** ...; aber: ⚠ **in der Nacht**
um, bis, gegen + Uhrzeit: **um/bis/gegen 12 Uhr**
gegen halb zwölf = ungefähr/etwa um halb zwölf

(33)

durch

um

entlang

Schauen Sie, da vorne gehen Sie links _____ die Ecke. Dann kommt rechts ein kleiner Park. Sie gehen am besten geradeaus _____ den Park. Sie kommen dann an den Fluss und gehen immer den Fluss _____ bis zum Stadion. Dann rechts das Stadion _____, _____ die ganze Stadiongasse ...

Ü24 🔑

Locational Prepositions (*um, durch, entlang*)

Fill in the blanks with the correct prepositions.

Entlang steht meistens hinter dem Substantiv: *Gehen Sie **die Straße entlang** ...*

◀ **RULE**

1. Schau, das habe ich _____ gekauft.

2. Ich bin _____ in den Kurs gegangen, ich habe sie vergessen.

3. Peter lernt nicht gern. Er hat etwas _____.

4. Sie sind gute Freundinnen. Man sieht nie eine _____.

5. Er ist _____ gefahren, aber es ist nichts passiert.

6. Sie hat viel _____ gelernt.

die Freundin

die Bücher

die Schule

die andere

die Wand

der Test

Ü25 🔑

Prepositions: *für, gegen, ohne*

Fill in the prepositions, articles, and nouns.

Präpositionen:	
nur mit Akkusativ	*um,*
nur mit Dativ	
Wechselpräpositionen: mit Akkusativ oder Dativ	

Ü26 🔑

Prepositions + Dative/ Accusative

Fill in the prepositions (Textbook pp. 70–71, 86)

Learning Tip! Make a poster for the prepositions. Hang it up in the class.

5 Aussprache

 Ü27

h-Laut und Vokal-Neueinsatz

a) Wo hören Sie ein [h]? Kreuzen Sie an.

b) Ergänzen Sie. Sprechen Sie die Wortpaare.

a) Beispiel: Sie hören *1. Heisig*

	1.	2.	3.	4.	5.	6.	7.	8.	9.	10.
[h]	✗									
[ʔ]										

b) Beispiel: Sie hören *1. Eis – heiß, ...*

1. ╱eis – **h**eiß   3. __alle – __alle   5. __essen – __essen   7. __ende – __ände

2. __aus – __aus   4. __er – __er   6. __offen – __offen   8. __ihr – __ier

 Ü28

Lesen Sie halblaut mit. Sprechen Sie nach.

a) [ʔ]
1. Kommt Anna um acht?
2. Ja, das ist in einer halben Stunde.
3. Die Eröffnung beginnt aber erst um elf.
4. Hannes hat doch den Termin geändert!

b) [h]
Hinter Herrmann Hannes' Haus hängen hundert Hemden 'raus – hundert Hemden hängen 'raus hinter Hermann Hannes' Haus.

Ü29

Regel erkennen

a) Wo hören Sie ein [h]? Markieren Sie.

b) Ergänzen Sie die Regel.

wohnen   woher   bezahlen   nehmen

geholt   Hochhaus   gehabt   früher

gehängt   wohin   wegfahren   unterhalten

erzählen   deshalb   zweihundert

RULE ▶ Man spricht [h] nach dem Akzentvokal: ☐ ja ☐ nein; am Wort-/Silbenanfang: ☐ ja ☐ nein.

Ü30

Emotions

a) Choose a sentence. Say the sentence out loud with different emotions.

b) What is different? Discuss this in groups.

„Wann kommen denn Franz und Peter?"
„Um 7 – das ist in einer halben Stunde."
„..."

„Hast du den Nachtisch schon probiert?"
„Eigentlich sind wir nie pünktlich fertig."

fröhlich / begeistert:

ruhig / sachlich:

ungeduldig / ärgerlich:

ängstlich:

Situationen:
- Ins Gespräch kommen
- Über Essen und Trinken sprechen
- Über Essgewohnheiten sprechen
- Rezepte lesen
- Die Speisekarte lesen, bestellen

Grammatik:
- Präpositionen mit Akkusativ benutzen
- Verben mit Reflexivpronomen benutzen
- Verben mit Präpositionalergänzungen benutzen
- Imperativ: Formen und Gebrauch

R1

Das kann ich:
++, +, −, − −.

Hallo! ●	○ Ha _ _ _ ! Wie ge _ _ es d _ _ ?
Danke, gut! Und dir auch? ●	○ Ja, al _ _ _ in Ord _ _ _ _.
Wir haben uns schon lange nicht mehr gesehen! ●	○ Ich gla _ _ _, das w _ _ vor 3 Mon _ _ _ _.
Komm doch am Freitag zum Essen! ●	○ Sehr ge _ _! Um wel _ _ _ Zeit so _ _ ich b _ _ dir se _ _?
So gegen sieben Uhr. ●	○ Was ka _ _ ich mitbri _ _ _ _?
Kannst du einen Salat machen? ●	○ Ja, ge _ _. Für wie vi _ _ _ Personen?
Für fünf Personen. ●	○ Wen ke _ _ _ ich au _ _ _ dir?
Peter und Anne. Bis Freitag! ●	○ Also, b _ _ Freitag! Tschüs!

R2 🔑

a) Sie treffen eine Freundin. Was sagen Sie? Ergänzen Sie den Dialog.

b) Korrigieren und bewerten Sie mit dem Lösungsschlüssel.

A

Sie kommen auf einer Party mit jemandem ins Gespräch. Sprechen Sie über Ihre Essgewohnheiten.

B

Sie kommen auf einer Party mit jemandem ins Gespräch. Sprechen Sie über Ihre Essgewohnheiten.

R3

a) Spielen Sie die Situation mit Ihrem Partner / Ihrer Partnerin.

b) Bewerten Sie:
++, +, −, − −.

Das können wir:	ich	Partner / Partnerin
• über Essgewohnheiten sprechen		
• über Essen und Trinken sprechen		

Liebe Julia,
ich danke d● nochmals herzlich ● das schöne Fest!
Ich habe m● sehr ● deine Einladung gefreut. Leider
konnten wir nicht ● alles sprechen. Kom●m ● doch
am Samstag besuchen. Martin nimmt ● einem Kurs teil.
Wir können ● also in Ruhe unterhalten.
Ich warte auf dei● Anruf!   Deine Eva

R4

a) Ergänzen Sie die Lücken.

🔑

b) Korrigieren Sie.
c) Vergleichen Sie mit R1.

► Versuchen Sie, mit Personen auf Deutsch ins Gespräch zu kommen.
► Was isst man in Ihrem Land? Erklären Sie typische Rezepte aus Ihrem Land.
► Fragen Sie Ihren Lehrer / Ihre Lehrerin nach einem deutschen, österreichischen oder Schweizer Kochrezept. Probieren Sie es aus!

Moment mal!

Laterna Magica

1 Alte Bilder und Texte

Ü1

Assoziationen formulieren

a) Was ist hier los?
Wo ist das?
Wer ist das?
b) Haben Sie schon etwas Ähnliches erlebt?

_____
_____
_____
_____
_____
_____
_____

_____
_____
_____

Leute einladen	Zuschauer in das Zelt bitten	auf Zuschauer warten
das Programm ausrufen		das Zelt zeigen

beim Sommerfest	im Institut / in der Schule	auf einem Markt
auf einem Festival	beim Zirkus	in einem Park

Ü2

Alte Texte verstehen

a) Was bedeuten die markierten Wörter? Ordnen Sie zu, nummerieren Sie. (* Das sind alte, heute nicht mehr oft gebrauchte Wörter.)

b) Hören Sie noch einmal den Text von A2.

„Kommt, ihr Herren groß und klein,

ihr *Mamsellen ( ) dünn und fein!

Kommt, ihr Leute, lauft *herbei ( ),

anzuschaun die *Narretei ( )!

Denn bei euch sind *Gaukler ( ) heut.

Ja, wisst es nur, ihr guten Leut:

Heute könnt ihr euch *erbauen ( ),

denn gar vieles ( ) gibt's zu schauen.

Ein Zauberspiel ( ) auf weißer Wand:

Die Laterna Magica entführt ( ) in ein

*exotisch Land ( )."

1. euch freuen

2. Zauberkünstler

3. die lustige Sache / den Unsinn

4. ein fernes, fremdes Land

5. ihr Damen / meine Damen

6. nimmt euch mit / entführt euch (entführen)

7. ein seltsames Spiel (seltsam)

8. kommt her (herkommen)

9. sehr viel

Ü3

a) Write a similar text in modern German.
b) Read your text to the class.

Kommen Sie herein, meine Damen und Herren
_____
_____

① Das Krokodil   ② der Frosch   ③ die Schnecke

④ der Käfer   ⑤ der Schmetterling

Ü4

a) Bilder ① – ⑤ und Sätze A–E: Was passt zusammen?

b) Machen Sie aus den Sätzen ein Gedicht.
c) Lesen Sie Ihr Gedicht laut vor (mit 1, 2, 3, … Stimmen).
d) Hören und Vergleichen Sie.

A Der Käfer auf der Laute brummt

B Der Frosch kämpft mit dem Krokodil

C Frau Schmetterling beim Tanze summt

D Die Schnecke trägt Herrn K. zum Nil

E Und wenn wir rechtens das beseh'n: Exotischer kann's nicht mehr geh'n!

So funktioniert eine „Laterna Magica":

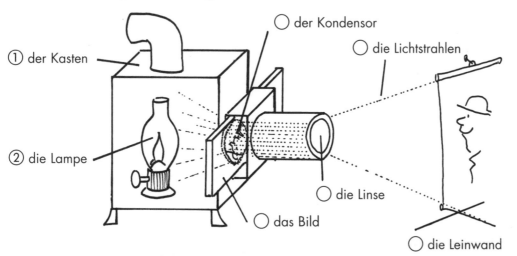

① der Kasten
② die Lampe
○ der Kondensor
○ die Lichtstrahlen
○ die Linse
○ das Bild
○ die Leinwand

Ü5

Einen technischen Apparat beschreiben

a) Wie funktioniert der Apparat? Sehen Sie Bild und Wörter an.
b) Nummerieren Sie die Teile der Laterna Magica in der Reihenfolge der Sätze A–H.

c) Erklären Sie die Laterna Magica (oder einen Dia-/Film-/Overhead-Projektor) Ihrer Partnerin/ Ihrem Partner.

	A	In einem Kasten steht eine Lampe.
	B	Die Lichtstrahlen fallen zuerst durch einen Kondensor.
	C	Der parallelisiert die Strahlen.
	D	Die Lichtstrahlen fallen dann durch eine Linse auf die Leinwand.
6, 5, 7	E	Zwischen Kondensor und Linse schiebt man die Bilder.
	F	Die Bilder sind auf Glas gemalt, bunt und durchsichtig.
	G	Sie stehen auf dem Kopf.
	H	Die Lampe projiziert das Bild durch die Linse scharf und groß auf die Leinwand.

2 Der Knödelfresser

Ü6

Developing Dialogs
a) Complete the dialogs.
b) Compare texts: Chose the best dialogs.

● *Clementine, was gibt es heute?*

○ Knödel, dein Leibgericht.

● *Die kochst du besonders gut.*

○ Ich koche alles gut, Knoop!

● _____

○ Vorsicht, die sind heiß!

● _____

○ Langsam, Knoop, nicht so schnell!

● _____

○ Das ist schon der sechste, pass auf!

Ü7

Spielen Sie die Dialoge.

● _____

○ Knoop, was habe ich dir gesagt?!

■ Knoop, mein Gott!

● *O weh, o weh, Herr Doktor!*

■ Wie ist denn das passiert?

● _____

■ Haben Sie Schmerzen?

● _____

■ Wie viele haben Sie gegessen?

● _____

■ _____

● _____

■ _____

● _____

Ü8

Combining Words and Sentences
a) Read the words in the box and the sample sentences.
b) Match the two columns. Nummerieren Sie.

---

entweder – oder	weder – noch	nicht nur – sondern auch

Franz trinkt Cola und Bier. Er trinkt <u>nicht nur</u> Cola, <u>sondern auch</u> Bier.

Knoop trinkt keine Cola und kein Bier. Er trinkt <u>weder</u> Cola <u>noch</u> Bier.

Der Arzt operiert sofort, oder Knoop stirbt. <u>Entweder</u> operiert der Arzt sofort, <u>oder</u> Knoop stirbt.

1. Knoop lebt bescheiden: Weder raucht er, _____ sondern auch sein Hund.

2. Frau Knoop kocht nicht nur gute, _____ sondern auch die Geldtasche.

3. Entweder hat Knoop einen Riesenhunger, *1.* noch trinkt er.

4. Nicht nur der Arzt wundert sich über Knoop, _____ noch billig für Knoop.

5. „Entweder mache ich schnell was, _____ sondern auch viele Knödel.

6. Der Besuch beim Arzt ist weder angenehm _____ sondern auch viel Schmerzen gebracht.

7. Nicht nur der Bauch ist leer, _____ oder Knoop platzt", denkt der Arzt.

c) Read the completed sentences

8. Die Knödel haben Knoop nicht nur Genuss, _____ oder seine Gier ist so groß.

Ü9

Dependent clauses:
Cause and Effect
Read the samples and complete the rule.

	Satzklammer		
Knoop geht es schlecht,	**weil**	er zu viel gegessen	**hat** .
Er hat Schmerzen,	**weil**	sein Bauch zu voll	**ist** .
Er muss zum Arzt,	**weil**	sein Bauch sonst	**platzt** .

> Causal (because) sentences always begin with „_____".
>
> In a causal sentence the verb is always _____.
>
> „_____" and the _____ build the sentence brace in causal sentence.

RULE

1. Knoop freut sich auf das Essen. Clementine kocht so gut!
2. Er isst zu viel. Knödel sind sein Leibgericht.
3. Er hat Schmerzen. Sein Bauch ist zu voll.
4. Clementine ist böse. Knoop hat nicht auf sie gehört.
5. Knoop muss sofort zum Arzt. Ihm ist so schlecht.
6. Der Arzt muss den Bauch aufschneiden. Knoop platzt sonst.
7. Knoop ist froh. Die Schmerzen sind weg.
8. Aber er ist auch traurig. Die Arztrechnung ist sehr hoch.
9. Clementine schimpft. Knoop hat zu schnell und zu viel gegessen.
10. Wir sind froh. Die Geschichte geht gut zu Ende.

Ü10

Schreiben Sie Kausalsätze nach dem Muster.

Knoop freut sich auf das Essen, weil Clementine so gut kocht.

3 Musica Magica

Ruth	„Musica Magica"	Günther
hat früher... *zeigt...*	*machen Theater* *...*	*war einmal...* *...*

Ü11

Notizen zu Texten machen
a) Was haben Ruth und Günther früher gemacht, was machen sie jetzt?
b) Was macht das Duo „Musica Magica"?

„Laterna Magica?"	Warum heute Laterna Magica?	Zuschauer/ Zuhörer	Verschiedene Programme	Ablauf
lateinisch	*alte Kunst*			*...* *♡-Geschichte*

Ü12

Hören Sie das Interview von A13 noch einmal: Was sagen Ruth und Günther? Notieren und vergleichen Sie!

13

Ü13   Zwei Künstler erzählen

Nebensätze:
„dass"-Satz
a) Was erzählen Ruth und Günther? Schreiben Sie.

Ruth:

„Ich habe früher Straßentheater gespielt."

„Ich bin heute die Lanternista."

„Wir benutzen alte Originalbilder."

„Wir projizieren die Bilder an die Wand und erzählen dazu Geschichten."

Günther:

„Ich war einmal Orgelbauer".

„Laterna Magica heißt Zauberlaterne."

„Heute interessieren sich viele Menschen für diese alte Kunst."

„Besuchen Sie uns doch auch einmal!"

| sagen | erzählen | erklären | meinen | berichten |

> *Ruth und Günther erzählen, dass sie schon viele Jahre zusammen arbeiten. Ruth sagt, ...*

b) Formulieren Sie die Regel mit Hilfe dieser Wörter.

„dass"-Satz   „dass"   Verb   Satzklammer

RULE ▷

Ü14

Join the main clause with the dependent clause. Use the words in the word bank.

Sunday Times

Basler Zeitung

General-Anzeiger

Thüringer Allgemeine

DER STANDARD
ÖSTERREICHS UNABHÄNGIGE TAGESZEITUNG FÜR WIRTSCHAFT, POLITIK UND KULTUR

RHEINISCHE POST

Münchner Merkur
MÜNCHNER ZEITUNG

Sächsische Zeitung

NEUE OZ OSNABRÜCKER ZEITUNG

> *Der "General-Anzeiger" schreibt, dass ...*

| schreiben | berichten | sagen | meinen | erklären |
| bemerken | melden | kommentieren | mitteilen | erwähnen |

Der US-Präsident plant eine Reise nach China.
Die Schweiz tritt in die Europäische Union ein.
Prinz Charles besucht bald Berlin.
FC Bayern München spielt gegen AC Milan.
Das Wiener Burgtheater braucht mehr Geld.

Günter Grass schreibt einen neuen Roman.
Das Klima in Europa wird immer wärmer.
Robinson Crusoe hat es wirklich gegeben.
Kunst ist für viele Menschen wieder wichtig.
In Russland lernen sehr viele Menschen Deutsch.

4 Die Naturkatastrophe

Pompeji, 3. Mai

Liebe Freunde,
wir sind auf unserer Italienreise bis nach Pompeji
gekommen. 3 Tage sind wir schon hier und bewundern

Ü15

Schreiben Sie aus Pompeji einen Brief an Ihre Freunde.

Szenen	Text/Wörter	Geräusche
①	Pizzeria Vesuvio Paolo Spaghetti Gesang Wein	Donnern!
②	Dämmerung Bild total ...	
③	"Vesuvio" Flammenmeer ...	

Ü16

Eine Bild-Ton-Geschichte verstehen
Hören Sie den Text von A17 noch einmal: Teil 1 („In der Pizzeria"). Ergänzen Sie die Notizen links.

Ü17

a) Hören Sie den ganzen Text von A17: Notieren Sie weitere Wörter und Geräusche.
b) Vergleichen Sie Ihre Notizen.

Ü18

a) Erzählen Sie die Geschichte.
b) Schreiben Sie einen Bericht für die Zeitung.

5 Robinson Crusoe

Ü19

Einen Text bearbeiten

a) Was holt Robinson vom Schiff?

b) Was ist besonders wichtig? Nummerieren Sie: 1., 2., 3. … und begründen Sie.

c) Sie fahren allein auf eine Insel. Sie können nur drei Sachen mitnehmen: Wählen Sie aus. Berichten und begründen Sie.

Ü20

Robinson und Freitag unterhalten sich „mit Händen und Füßen" und wenigen Worten. Wie machen sie das wohl? Spielen Sie.

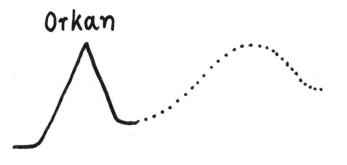

Orkan

Ü21
a) Zeichnen Sie eine „Spannungskurve" von der Robinson-Geschichte.
b) Vergleichen und diskutieren Sie mit Ihrer Partnerin / Ihrem Partner.

Learning Tip! **Spielen Sie mit Sprache.**
Rezitieren Sie laut und leise.
Gebrauchen Sie Mimik, Gestik und Bewegung.
Machen Sie Geräusche und Töne.
Singen Sie Wörter und Texte.

Ü22
Projekt: eine Bild-Ton-Geschichte produzieren
Bilden Sie 8 Gruppen:
a) Wählen Sie je 1 Bild im Lehrbuch, S. 92–93. Lesen Sie den Text dazu genau.
b) Lesen Sie den Text laut und dramatisch vor. Machen Sie dazu Geräusche und Bewegungen.
c) Inszenieren Sie die ganze Geschichte: Jede Gruppe „spielt" ein Bild und den Text dazu.

6 Aussprache

 Ü23 Beispiel: Sie hören *1. dem – den ...*

Laute unterscheiden
Ergänzen und sprechen Sie.

1. de *m*   2. seine___   3. vo___   4. ihre___   5. we___   6. welche___

de *n*   seine___   vo___   ihre___   we___   welche___

 Ü24 a) Beispiel: Sie hören *1. Häusern – Häuser ...*

a) Ergänzen und sprechen Sie.

1. Häuser *n*   2. Wörter___   3. Nummer___

Häuser ∕   Wörter___   Nummer___

4. Regel___   5. Hügel___   6. Gabel___

Regel___   Hügel___   Gabel___

b) Sprechen Sie.

b)
mindestens neun Regeln kennen
am Montag nach Plan lernen
am Sonntag um zehn Uhr kommen
einen Mann kennen lernen
schon um neun schwimmen
gern in München wohnen

 Ü25 a)

a) Lesen Sie halblaut mit. Sprechen Sie.
b) Lesen Sie halblaut mit.

[n]	–	[ŋ]
dann	–	danke
denn	–	denken
Hände	–	hängen
sind	–	singen
Land	–	lang

b)
im Frühling / viel singen
Tee trinken / Schinken essen
am Sonntag Zeitung lesen
eine Wohnung mit Telefon
die Übung dauert lange

 Ü26 a) Beispiel: Sie hören *1. Lindt*

a) Hören Sie [l] oder [r]? Kreuzen Sie an.

1. Rindt ☐   2. Graser ☐   3. Rauer ☐
    Lindt ☒   Glaser ☐   Lauer ☐

4. Kröber ☐   5. Rehmann ☐   6. Brock ☐
    Klöber ☐   Lehmann ☐   Block ☐

b) Sprechen Sie.

b)
lichtung *(Ernst Jandl)*

manche meinen
lechts und rinks
kann man nicht
velwechsern.
werch ein illtum!

Ü27

Einen Text frei sprechen
a) Hören Sie den Text von A25 und notieren Sie die zentralen Wörter.

Was fühlt Robinson, was hofft er?

spürt – Sand – Hände
hört ...

_____

_____

_____

Was macht Robinson?

_____

_____

_____

_____

_____

b) Lesen Sie den Text und markieren Sie zentrale Wörter. Vergleichen Sie mit Ihren Notizen.
c) *Sie* sind Robinson: Berichten Sie in der *ich*-Form. Benutzen Sie Ihre Notizen.

Robinson erwacht ...

... Er spürt Sand an den Händen, hört die leisen Wellen, das Meer, fühlt die Sonne auf seiner Haut. Ist es möglich, dass er den gewaltigen Orkan überlebt hat? Er hofft, dass auch andere Männer leben.

Er schaut aufs Meer. Da liegt das Schiff. Er schwimmt hinüber, weil er dort vielleicht noch nützliche Dinge finden kann. Er findet Essen, Bücher, Werkzeuge, Gewehre und – den Schiffshund! Er ist froh, dass der Hund noch lebt.

13

Verstehen oder sagen:
- Einen alten Text verstehen
- Text-Teile und Bilder zuordnen
- Notizen zu Texten machen

Grammatik:
- Regel: Wortstellung im Nebensatz
- „dass"-Sätze gebrauchen
- „weil"-Sätze (Kausalsätze) gebrauchen

R1

Das kann ich:
++, +, −, − −.

Die Geschichte von „Hanns Guck-in-die-Luft"

① ② ③ ④

Das ist Hanns. Alle sagen Hanns Guck-in-die-Luft zu ihm, weil er immer in die Luft schaut. Hier seht ihr nun die Geschichte von Hanns Guck-in-die-Luft:

Bild   A–H

____ ____   Die drei Fische lachen sehr: / Unser Hanns sieht nun nichts mehr.

____ ____   Noch geht Hanns auf festem Land / mit der Mappe in der Hand.

____ ____   Hanns hat Glück: Es laufen zwei / Männer aus der Stadt herbei.

____ ____   Er fällt sogleich ins Wasser rein. / Man sieht jetzt nur noch seine Bein'.

____ ____   Das Wasser läuft ihm ins Gesicht, / unser Hanns mag das gar nicht!

____ ____   Ein Vogel hoch am Himmel fliegt – / der Hanns jetzt gleich im Wasser liegt.

____ ____   Die Männer zieh'n Hanns aus dem Fluss, / dass er nicht ertrinken muss.

____ ____   Seht! Hier steht er, ist ganz nass. / Ach, das war ein schlechter Spaß!

Die drei Fische lachen sehr,

weil _____

Hanns hat Glück,

dass _____

R2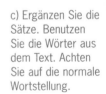

a) Welcher Text gehört zu welchem Bild? Notieren Sie die Bild-Nummer.
b) Ordnen Sie die Textabschnitte in der richtigen Reihenfolge: A–H.

c) Ergänzen Sie die Sätze. Benutzen Sie die Wörter aus dem Text. Achten Sie auf die normale Wortstellung.

Das kann ich:	Text und Bild zuordnen	einen alten Text verstehen

d) Bewerten Sie: ++, +, −, − −.

Hanns findet alles so interessant. Er passt nie auf. – Hanns fällt ins Wasser. Er schaut immer in die Luft. – Zwei Männer sehen: Hanns ist ins Wasser gefallen. – Die Männer holen Hanns aus dem Wassser. Er kann nicht schwimmen. – Die Fische lachen über Hanns. Er ist ganz nass.

Das kann ich:	„dass"-Sätze benutzen	„weil"-Sätze benutzen

R3

a) Verbinden Sie die Sätze mit „dass" oder „weil".

b) Bewerten Sie: ++, +, −, − −.

Körper und Gesundheit

1 Rund um den Kopf

Ü1

Körperpflege

a) Ergänzen Sie den Text.

fühlen	nehmen	benutzen
waschen	putzen	verwenden

Mein Tipp: Ich mache jeden Morgen zehn Minuten

Gymnastik. Danach gehe ich ins Bad und _____

eine Dusche. Zum Haarewaschen _____ ich ein

mildes Shampoo. Ich _____ mir die Zähne,

dann _____ ich mir das Gesicht mit kaltem Wasser.

Ich _____ keine Seife; das ist besser für die Haut.

Danach _____ ich mich so richtig fit! Und nun gibt es

ein gutes Frühstück: Orangensaft, Joghurt, Tee ….

b) Notieren Sie Ihren Tipp.

Mein Tipp: _____

Ü2

Adjektiv-Endungen im Plural

a) Unterstreichen Sie die Adjektiv-Endungen und den Artikel.

b) Formulieren Sie die Regel.

Was ist schön?

● Mir gefallen schwarze Haare und grüne Augen. ○ Ich finde, braune Augen und blonde

Haare passen gut zusammen. ■ Ältere Menschen mit grauen Haaren finde ich schön.

☐ Mir gefällt die Frau da hinten mit den langen, braunen Haaren.

● Und ich, ich finde ihre kleinen Ohren schön!

■ Und der Mann mit den blauen Augen? ● Seine kurzen Haare finde ich ….

RULE

> **Mit Artikel-Wort:** Das attributive Adjektiv im Plural hat immer die **Endung -____**.
>
> **Ohne Artikel-Wort:** Das attributive Adjektiv im Plural hat die **Endung -e** oder **-en**.

c) Und Sie? Was gefällt Ihnen? Ergänzen Sie.

☐ Mir gefallen _____.

☐ Ich finde _____ schön.

☐ Mir gefallen Menschen mit _____.

Ü3

Gesichter beschreiben

Wie sehen Sie sich? Wie sieht Sie Ihr Partner / Ihre Partnerin? Markieren, ergänzen, vergleichen Sie.

	Sie	Ihr Partner / Ihre Partnerin
Haare: schwarz, blond, grau, …	_____	_____
Augen: grün, blau, braun, …	_____	_____
Zähne: weiß, regelmäßig, …	_____	_____
Ohren: klein, groß, …	_____	_____

2 Endlich ohne Schmerzen sitzen

Liegen
- ☐ Kopf
- ☐ Ohren
- ☐ Bauch
- ☐ Körper

Sitzen
- ☐ anziehen
- ☐ ausziehen
- ☐ Füße
- ☐ Hand

Stehen
- ☐ vor dem Spiegel stehen
- ☐ unter der Dusche stehen
- ☐ Haare waschen
- ☐ Zähne putzen

rma – neib – pokf – niek – shal – ginfer – nahd – roh

der Arm, _____

_____

Wohin?
● Stell dich bitte …

…. auf **den** Stuhl.

Wo?
● Und wo stehst du jetzt?

○ Auf **dem** Stuhl.

vor ….   links neben ….   rechts neben ….   hinter ….

| Tabak | Sport | Alkohol | Entspannung | Stress | Gymnastik | Arbeit |

wenig   *viel*

Ü4

Körperteile
a) Hören Sie und schauen Sie die Bilder an. Was hören Sie? Kreuzen Sie an.

b) Beschreiben Sie ein Bild:
„Hier sieht man den Kopf nicht. Welches Bild ist es?"

Ü5
a) Notieren Sie die Wörter mit Artikel.

b) Suchen Sie andere Beispiele.

Ü6
Fitness
a) Beschreiben Sie die Bilder.

b) Spielen Sie zu zweit.

Ü7
Was hilft? Ordnen Sie zu. Ergänzen Sie.

Ü8

Was machen Sie für Ihre Gesundheit? Schauen Sie den Pfeil an. Fragen und antworten Sie.

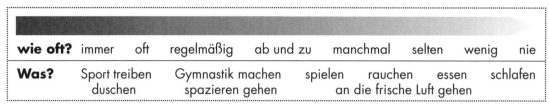

wie oft?	immer	oft	regelmäßig	ab und zu	manchmal	selten	wenig	nie
Was?	Sport treiben		Gymnastik machen	spielen	rauchen	essen		schlafen
	duschen		spazieren gehen		an die frische Luft gehen			

● Was tust du für deine Haut / deine Haare / deine Gesundheit / deinen Rücken? ○ …

Learning Tip! Lernen = Mit allen Sinnen und mit dem Körper lernen

● Mit den Augen: Schauen Sie Fotos von einer Stadt/Landschaft an oder schließen Sie die Augen. Machen Sie „eine Reise" durch die Stadt/Landschaft: Was sehen Sie? Eine Straße, einen Platz, ein Museum, einen Berg, einen Fluss …

● Mit den Ohren: Hören Sie auf Stimmen und Geräusche: Wo ist das? Wer spricht? Wie klingt das Wort „Stress" oder „Schokolade"? „Hart" oder „süß"?

● Mit der Nase: Wie riecht es beim Arzt? Wie riecht Shampoo? Welche Wörter kommen Ihnen in den Sinn?

● Mit dem Mund: Wie schmeckt ein Apfel? Wie schmeckt Käse? „Süß" oder „salzig"?
  Mit der Zunge: Schmecken auch Wörter und Sätze?

● Mit den Händen: Nehmen Sie Gegenstände in die Hände: Was ist das? Ist das heiß oder kalt, weich oder hart?

● Mit dem Körper: Spielen Sie Wörter und Sätze: „gehen – duschen; langweilig – schön; Ich habe Hunger. …"

3 Ein Arzt gibt Auskunft

Ü9

Krankheiten

Was sind häufige Krankheiten bei Erwachsenen und bei Kindern? Hören Sie Teil a) von A8 noch einmal und kreuzen Sie an.

Erwachsene:

☐ die Kopfschmerzen
☐ die Herzschmerzen
☐ die Bauchschmerzen
☐ die Rückenschmerzen
☐ die Grippe
☐ die Infektion
☐ die Erkältung
☐ die Kopfverletzung
☐ Verletzung an der Hand oder am Arm
☐ Sportverletzung

Kinder:

☐ Verletzung am Fuß oder am Bein
☐ die Ohrenentzündung
☐ das Zahnweh
☐ der Husten
☐ die Grippe
☐ die Erkältung
☐ das Fieber
☐ der Schnupfen

Ü10

Auskunft geben beim Arzt

a) Welche Informationen braucht der Arzt? Füllen Sie das Formular aus.

Dr. Birrer   Reichengasse 21, CH-1700 Freiburg
FMH   Tel. 037 / 3 22 78 81

Anmeldeformular

Name: _____ Vorname: _____ Geburtsdatum: _____

Straße: _____ PLZ/Ort: _____

Telefon: _____

Arbeitgeber: _____ Telefon: _____

Krankenkasse: _____

Unfall: _____

Fragen des Arztes:

1. Essen Sie _____?

2. Funktioniert die _____?

3. Rauchen _____?

4. Reisen Sie _____?

5. Gibt es _____ in Ihrer Familie?

Ihre Antwort:

_____

_____

_____

_____

_____

b) Hören Sie Teil b) von A8 noch einmal: Welche Fragen stellt Ihnen der Arzt? Ergänzen Sie. Antworten Sie dann schriftlich.

Ü11

a) Welche Frage(n) oder Aussage(n) gehören zu welchem Stichwort? Ordnen Sie zu.

b) Vergleichen Sie.

Haben Sie Fieber?

der Beruf	(1)
der Arbeitgeber	(2)
der Allgemeinzustand	(3)
der Appetit	(4)
die Verdauung	(5)
das Gewicht	(6)
das Fieber	(7)
das Herz	(8)
die Atmung	(9)
die Haut	(10)
die Augen	(11)
der Schlaf	(12)
der Sport	(13)
das Rauchen	(14)
das Reisen	(15)
die Medikamente	(16)

(B) Wo arbeiten Sie?

(O) Sie sollten weniger essen.

(C) Wie schwer sind Sie?

(E) Wie fühlen Sie sich?

(I) Treiben Sie Sport?

(F) Was arbeiten Sie?

(G) Wie lange arbeiten Sie schon bei der Firma?

(A) Haben Sie Fieber?

(K) Wie viele Zigaretten pro Tag?

(L) Nehmen Sie regelmäßig Tabletten?

(M) Ihre Augen sind rot. Haben Sie Schmerzen?

...

(N) Atmen Sie tief. Husten Sie bitte!

(D) Wie viel essen Sie pro Tag?

(P) Die Hautfarbe ist normal.

(J) Haben Sie erhöhte Temperatur?

(H) Wachen Sie in der Nacht oft auf?

Ü12

Schreiben Sie einen Dialog. Spielen Sie die Szene mit „Händen und Füßen".

Ü13

Medikamente verwenden

a) Was gehört in eine Reiseapotheke? Hören Sie Teil c) von A8 und notieren Sie die Mittel.

b) Was nehmen Sie mit auf Reisen? Welche Mittel kennen Sie gegen …?

Durchfall: *ein Mittel, Schokolade, Bananen*

Verstopfung: _____

Kopf- und Halsweh, Erkältung, Grippe, Fieber: _____

Sonnenbrand, Insektenstiche: _____

Verletzungen: _____

_____ : _____

_____ : _____

Ü14

Fragen und antworten Sie.

● Ich habe Verstopfung. Was soll ich tun?
● Wogegen hilft diese Salbe?
● Ich habe mich geschnitten. Was …?
● Ist das gut für …?

○ Nimm doch ein Abführmittel.
○ Die ist gegen Sonnenbrand.
○ …
○ …

 Ü15

a) Ordnen Sie die Fragen den Überschriften zu.

A Was ist in dem Medikament drin?
B Wogegen hilft es?
C Wie viel muss man nehmen?
D Wie muss man das machen?

b) Lesen Sie die zwei Krankheitsbeschreibungen: Wer soll das Mittel nehmen? Wie viele Kügelchen? Und wie?

<u>Irena</u>

Irena, 18 Jahre alt, hat Kopf- und Halsschmerzen. Sie hat auch leichtes Fieber. Sie hustet. Der Hals ist nicht rot, und sie kann ohne Probleme schlucken.

<u>Gregor</u>

Gregor, 8 Jahre alt, ist erkältet. Er hat Schmerzen, wenn er hustet. Sein Hals ist ganz trocken. Er sagt: „Ich habe Nadeln im Hals."

 05.91

Homöopathisches Arzneimittel bei

Halsweh Nr. 1

Globuli (Kügelchen)

Homöopathisches Präparat mit Wirkung auf Rachen, Hals, Mandeln und Bronchien. Unter seinem Einfluss können Erkältungen mit entzündlichen Erscheinungen in diesen Bereichen schneller heilen. Günstig sprechen stechende Schmerzen, Entzündungen mit Wundheitsgefühl und Trockenheit in der oberen Luftröhre an.

Indikationen:
Gemäß homöopathischem Arzneimittelbild bei:
• Schluckweh und Trockenheitsgefühl im Hals
• Stechenden Halsschmerzen
• Schluckbeschwerden mit zu den Ohren ausstrahlenden, stechenden Schmerzen
• Wundheitsgefühl in der Luftröhre

Nebenwirkungen und unerwünschte Reaktionen mit anderen Stoffen (z.B. mit Medikamenten, Lebensmitteln, Genussmitteln): Keine bekannt.

Hinweise:
• Anfängliche Verstärkungen der vorhandenen Symptome können auftreten.
• Bei andauernder Verschlechterung oder fehlender Besserung ist der Arzt aufzusuchen.
• Zuckerfrei. Enthält Xylit.

Dosierung/Gabenhäufigkeit:
Kinder und Erwachsene ca. 7 Globuli (Kügelchen).
• *Akute Beschwerden:* Halbstündlich bis stündlich. Mit zunehmender Besserung der Beschwerden weniger häufig.
• *Zum Ausheilen:* 3 - 6 x täglich.
Die Wirkungsdauer einer Arzneimittelgabe kann individuell verschieden sein. Grundsätzlich wird die Einnahme des Präparates bei Nachlassen der Wirkung oder bei Rückkehr der Beschwerden wiederholt.

Behandlungsdauer:
Bis zur vollständigen Beschwerdefreiheit.

Einnahmevorschriften:
• Globuli (Kügelchen) im Mund zergehen lassen.
• Darf auch bei nüchternem Magen eingenommen werden.

Zusammensetzung:
Guajacum officinale D3 70% / D6 20% / D12 10% / Xylitolum / Excip. pro globuli

 Ü16

Wofür ist das Mittel? Notieren Sie.

1. „Volaten": _____

2. „Indulax": _____

3. „Neo-Zitron": _____

1. Wenn ich starke Kopfschmerzen habe, (dann) nehme ich eine Tablette. ( ) 2. Ich nehme ein Bad, wenn ich eine Grippe habe. ( ) 3. Man muss viel Tee trinken, wenn man erkältet ist. ( ) 4. Wenn ich reise, nehme ich immer eine Reiseapotheke mit. ( ) 5. Ich gehe erst zum Arzt, wenn ich mich schrecklich krank fühle. ( ) 6. Wenn ich nicht schlafen kann, (dann) trinke ich ein Glas kaltes Wasser. ( ) 7. Wenn ich müde bin, nehme ich eine Dusche. ( ) 8. Ich trinke nie ungekochtes Wasser, wenn ich im Ausland bin. ( ) 9. Wenn ich Rückenschmerzen habe, (dann) mache ich Gymnastik. ( ) 10. Ich habe nie ein Medikament zu Hause, wenn ich es brauche. ( )

Ü17

Nebensätze: Konditionalsatz

a) Lesen Sie die Sätze: Was machen Sie auch? Markieren Sie (✔).
b) Unterstreichen Sie das Verb im „wenn"-Satz (= Bedingung) und das Verb im Hauptsatz (= Folge).
c) Welcher Satz gehört zu welchem Typ? Ordnen Sie zu und notieren Sie sich Beispielsätze.
d) Wo steht das Verb? Formulieren Sie die Regel:

RULE

Hauptsatz vor Nebensatz („wenn"-Satz)	Nebensatz („wenn"-Satz) vor Hauptsatz
Satznummer:	Satznummer: *1.*
Beispielsatz	Beispielsatz *Wenn ich starke Kopfschmerzen habe, (dann) nehme ich eine Tablette.*

1. Im _____**satz** steht das **Verb am Ende**.

2. Wenn der **Nebensatz vor dem Hauptsatz** steht, ist das **Verb im Hauptsatz** in Position ____.

● Ich habe Kopfweh.　　　　○ Da hilft eine leichte Kopfmassage.

Wenn Sie Kopfweh haben, hilft eine leichte Kopfmassage.
Eine leichte Kopfmassage hilft, wenn Sie Kopfweh haben.

1. ● Ich bin erkältet.　　　　　　○ Da hilft ein Kräuter-Tee.
2. ● Ich habe eine starke Grippe.　○ Da muss man im Bett bleiben.
3. ● Ich habe mich geschnitten.　○ Dann nimm ein Pflaster!
4. ● Ich bin nervös.　　　　　　　○ Mach doch einen Spaziergang!

Ü18

a) Geben Sie einen Tipp: Schreiben Sie „wenn"-Sätze.

b) Notieren Sie weitere „wenn"-Sätze.

5. Bei Reisen sollte man die wichtigsten Medikamente mitnehmen.

Wenn man reist, sollte man die wichtigsten Medikamente mitnehmen.

6. Bei Schmerzen soll man sich entspannen.
7. Beim Frühstück lese ich immer die Zeitung.
8. Der Wecker klingelt. Max steht sofort auf.
9. Am Wochenende hat Brigitte viel Zeit. Sie trifft Freunde und Bekannte.
10. Das Institut feiert sein Sommerfest. Es kommen viele Gäste.
11. Ich schreibe zu Hause alles neu auf. Ich lerne sehr schnell.
12. Herr Probst geht jeden Tag die Treppe viermal rauf und runter. Er bleibt fit.

14

4 Beim Arzt

  Ü19

Sprecher-Rollen erkennen

Hören Sie die Dialoge von A10 noch einmal: Wer sagt was? Notieren Sie.

A = Patientin; B = Freundin; C = Sekretärin; D = Arzt

1. Entschuldigung, wie ist Ihr Name? _____
2. Willst du eine Schmerztablette? _____
3. Was muss ich hier schreiben? _____
4. Haben Sie Fieber? _____
5. Was ist los mit dir? _____
6. Und wie ist es mit dem Essen? _____
7. Waren Sie schon einmal bei uns? _____
8. Was kann ich für Sie tun? _____

Ü20

Ausdrücke kombinieren

Was gehört zusammen? Ordnen Sie zeitlich. (Es gibt mehrere Lösungen.)

	das Formular		erkältet
1	krank *sein*		Tropfen
	Fieber		gesund
	einen Termin		in der Apotheke Medikamente
	im Bett		Pillen
	Tee		Auskunft
	zum Arzt		Husten

haben   liegen   sein   trinken   werden   gehen   ausfüllen   geben
kaufen   ausmachen   schlucken   nehmen   sein   haben

Ü21

Gespräche beim Arzt

a) Schreiben Sie die Dialoge.
b) Was ist passiert? Beschreiben Sie.

① **Am Abend**

● Du siehst schlecht aus.
  Was ist los mit dir?
○ Mir geht's nicht gut. Ich habe …
● …

② **Am nächsten Morgen**

● Praxis Doktor …, guten Tag!
○ Guten Tag, …
● …

③ **Am anderen Tag**

● Können Sie dieses Formular …?
○ Entschuldigung …
● …

④ **Beim Arzt**

● Frau … / Herr …, bitte!
○ Ja.
● Guten Tag. Was kann ich für Sie tun?
○ …

Ü22

Ihre Partnerin / Ihr Partner errät „Ihre Krankheit" mit sieben Fragen.

● Hast du Kopfschmerzen?   ○ Ja.
● Hast du Fieber?   ○ Ich weiß nicht.
● Ist dir …?   ○ Nein.
● …   ○ …
● Dann hast du …?   ○ 1 Punkt für dich. / 1 Punkt für mich.

Der neue Kurs

In unserem Kurs ist ein netter Student aus Polen. Er studiert englische Literatur und internationales Recht. Wir waren einmal zusammen im Kino. Wir haben einen deutschen Film gesehen. Der war nicht schlecht!

Gymnastik

Mit dem gestreckten Bein einen großen Schritt nach links; den linken Arm heben; die rechte Hand auf den Kopf; den geraden Rücken nach vorne beugen.

Meine Nachbarn

Die junge Frau mit dem kleinen Kind geht immer um 6 Uhr 30 aus dem Haus. Ich sehe sie, wenn ich aufstehe. Der ältere Mann, mein Nachbar auf dem gleichen Stock, holt um 8 Uhr die Zeitung und grüßt mich freundlich.

Gutes Essen, was ist das?

Was gehört zu einem richtig guten Essen? Für mich – ein schönes Stück Fleisch und ein frischer Salat mit einer guten Sauce. Das beste Essen ist für mich aber ein Teller mit frischem Gemüse.

Jetzt neu:

Analux gegen starke Grippe und starken Husten!
Solprotect: Der beste Sonnenschutz für Ihren speziellen Hauttyp. Wir garantieren Ihnen gutes Aussehen!

Ü23
Adjektiv-Endungen

a) Markieren Sie Adjektiv-Endungen und Artikel.

b) Ordnen Sie die Beispiele. Notieren Sie den bestimmten Artikel.
c) Ergänzen Sie die Regeln und vergleichen Sie mit den Tabellen im Lehrbuch, S. 102.

bestimmter Artikel	unbestimmter Artikel / Possessivartikel	kein Artikel
der neue Kurs	ein netter Student (der)	englische Literatur (die) internationales Recht (das)

1. Nach dem **bestimmten Artikel** hat das Adjektiv die Endung **-e** oder **-____**.

2. Nach dem **unbestimmten Artikel / Possessivartikel** hat das Adjektiv die Endung **-en** oder **-____** oder **-____** oder **-____**.

3. Nach dem **Null-Artikel** hat das Adjektiv immer die Endung des **bestimmten Artikels**: di**e** englische Literatur → englisch**e** Literatur.

> **RULE**

Learning Tip! **Nur Adjektive direkt vor einem Substantiv haben eine Endung.**

Machen Sie sich Ihre eigene Tabelle.
Suchen Sie sich Beispiele. z.B. *Mann – Frau – Kind* oder *Kopf – Ohr – Nase*.
Arbeiten Sie mit Farben.

Machen Sie ab und zu bei schwierig__ Übungen eine kurze Pause.
Öffnen Sie das geschlossen__ Fenster und atmen Sie tief ein. Das hilft gegen Grammatikstress und ist gut für die Gesundheit.

(37)

a) Nominativ: 1. das _____ Augentraining (persönlich); 2. die _____ Luft (frisch); 3. der _____ Spaziergang (täglich); 4. eine _____ Nase (groß); 5. ein _____ Mund (klein); 6. ein _____ Gesicht (rund); 7. die _____ Augen (blau); 8. _____ Ohren (groß); 9. _____ Arme (lang).

b) Akkusativ: 1. Ich kenne ein gut___ Mittel gegen Müdigkeit. 2. Jede Stunde mache ich eine kurz___ Pause. 3. Dann trinke ich einen schwarz___ Kaffee. 4. Ich mag schwarz___ Kaffee nicht, ich mache lieber einen länger___ Spaziergang.

Ü24

Ergänzen Sie die Adjektive.

Ergänzen Sie die
Adjektive.

a) Präposition + Adjektiv:

1. Was machen Sie gegen müd____ Augen? 2. Ich wasche meine Haare mit natürlich____

Produkten. Und Sie? 3. Mit nass____ Haaren erkältet man sich schnell. 4. Gegen akut____

Zahnschmerzen hilft ein leichter Druck mit dem Finger. 5. Wenn ich Kopfschmerzen habe,

wasche ich mir das Gesicht mit kalt_____ Wasser.

b) Verschiedene Wortarten + Adjektiv:

Kennen Sie den Ausdruck „Er hat zwei *linke* (links!) Hände"?

1. Er hat uns drei _____ (gut) Tipps gegeben. 2. Herr Dr. Birrer sagt: „Das ist keine _____

(häufig) Krankheit." 3. Bei diesem _____ (schlecht) Wetter sind viele Leute krank.

4. Das ist ein Shampoo aus vielen _____ (natürlich) Produkten. 5. Sie hat

Probleme mit ihrem _____ (fettig) Haar. 6. Die Salbe ist gegen _____ (trocken)

Haut. 7. Ich nehme jeden Morgen eine _____ (kalt) Dusche. 8. Sie hat auch eine _____

(schlimm) Grippe. 9. Ich habe mir den _____ (rechts!) Arm gebrochen. 10. Das

_____ (links!) Ohr tut schrecklich weh.

5 Wie gesund sind Sie?

Ü26

**Gesundheit
unterwegs:
wichtige Wörter
und Ausdrücke**

Ergänzen Sie und
notieren Sie.

Das kleine Reisewörterbuch

Deutsch	Englisch	Ihre Sprache
Wo ist die nächste Apotheke, bitte?	Where's the nearest pharmacy, please?	
Geben Sie mir bitte etwas gegen …?	Do you have anything for …?	
Schmerztablette	pain-killer	
Tropfen	drops	
das Präservativ	condom	
der Arzt	doctor	
Ich habe Fieber.	I have a temperature.	
Halsschmerzen	a sore throat	
Husten	a cough	
Ich habe Durchfall.	I've got a diarrhea.	
Ich habe mich verletzt.	I've injured myself.	
Wo tut es weh?	Where does it hurt?	
…	…	

Ü27

**Über Gesundheit
schreiben**

a) Lesen Sie die
Texte von A13 noch
einmal. Sammeln
Sie Wörter und
Ausdrücke.
b) Schreiben Sie
einen eigenen Text.

Wichtige Wörter und Ausdrücke:

sehr starke -schmerzen
Tabletten geben / nehmen
süchtig sein

6 Aussprache

a) Beispiel: Sie hören *1. Zieger – Sieger, …*

1. **Z**ieger   2. ___enker   3. ___empel   4. ___ahlmann   5. ___ander
   Sieger   ___enker   ___empel   ___ahlmann   ___ander

b) 1. Sie sollen zwei Minuten die Zähne putzen!
   2. Sie sollen die Zahnbürsten öfter wechseln!
   3. Sie können im Wartezimmer sitzen und Zeitungen lesen.

[f] – [pf]
1. Sie haben Fieber und Kopfschmerzen?
2. Ich empfehle Ihnen viel frische Luft.
3. Sie sind von Kopf bis Fuß gesund.

1. Martha schluckt keine Pillen mehr, aber sie hat noch Kopfweh.

2. Lea hat viel Energie. Sie raucht nicht, trinkt keinen Alkohol, und sie achtet auf die richtige Ernährung.

3. Claudia will nicht richtig krank werden, denn „Leben ist für sie Sein".

[ks]
4. Max will den Arzt wechseln.
5. Nachmittags fährt er Taxi.
6. Er braucht sechs Stunden bis Buxtehude.

4. Walter meint, dass Kranksein gefährlich ist: Ein Kollege hat die Arbeit verloren, weil er zu viel krank war.

5. Martin hatte schwere Depressionen. Heute kann er sich wieder freuen, wenn er andere Menschen sieht.

Was ist konsequent? Heute so und morgen so.

Was ist inkonsequent? Heute so und morgen so.

(Jüdischer Witz)

Z u n g e n b r e c h e r

Die Katze tritt die Treppe krumm, der Kater wieder grade.

Zehn zahme Ziegen ziehen zehn Zentner Zucker zum Zoo.

Brautkleid bleibt Brautkleid und Blaukraut bleibt Blaukraut.

Herr von Hagen, darf ich's fragen, welchen Kragen sie getragen,
als sie lagen krank am Magen, auf der Fahrt nach Kopenhagen?

Fischers Fritz fischt frische Fische, frische Fische fischt Fischers Fritz.

In Ulm und um Ulm und um Ulm herum.

Schneiders Schere schneidet scharf, scharf schneidet Schneiders Schere.

Ü28

Laute unterscheiden

a) Ergänzen Sie „s" oder „z".

b) Lesen Sie halblaut mit. Sprechen Sie.

Ü29

Lesen Sie halblaut mit. Sprechen Sie.

Ü30

Satzakzent wiederholen

a) Markieren Sie den Satzakzent in den Sätzen 1–5.

b) Sprechen Sie die Sätze.

Ü31

a) Markieren Sie den Satzakzent.

b) Hören und vergleichen Sie.
c) Sprechen Sie.

Ü32

„Zungenbrecher"

a) Lesen Sie halblaut mit.
b) Sprechen Sie die Zungenbrecher zuerst langsam, dann schneller.

14

RÜCKSCHAU

R1

Das kann ich:
++, +, −, − −.

Situationen:
- Über Gesundheit/Krankheit sprechen ☐
- Gesundheitstipps verstehen und geben ☐
- Über meinen Körper sprechen ☐
- Erzählen, wie es mir geht ☐
- Auskunft beim Arzt geben ☐

Grammatik:
- Endungen von Adjektiven richtig benutzen ☐
- Nebensatz mit „wenn" / Konditionalsatz ☐

Wortschatz:
- Körperteile ☐
- Gesundheit/Krankheit ☐

R2

a) Spielen Sie die Situationen mit Ihrem Partner / Ihrer Partnerin.

A

Sie beginnen:
Sie haben folgende Probleme:
- trockene Haut,
- Sie können nicht schlafen.
Fragen Sie nach Tipps.

Ihr Partner / Ihre Partnerin fragt Sie nach Tipps. Antworten Sie.
- viel Vitamine / warme Kleidung
- regelmäßig waschen / Kräutershampoo

① **B**

Ihr Partner / Ihre Partnerin fragt Sie nach Tipps. Antworten Sie.
- keine Seife / gute Creme benutzen
- abends ein Glas warme Milch trinken

Sie haben folgende Probleme:
- häufigen Schnupfen,
- fettiges Haar.
Fragen Sie nach Tipps.

A

Antworten Sie Ihrem Partner / Ihrer Partnerin auf die Fragen. Fragen Sie zurück, was er/sie in der Situation macht.
Fragen Sie Ihren Partner / Ihre Partnerin, was er/sie macht, wenn er/sie
- müde ist,
- zu viel Gewicht hat,
- krank ist.

② **B**

Fragen Sie Ihren Partner / Ihre Partnerin, was er/sie macht, wenn er/sie
- traurig ist,
- keine Lust hat,
- Fieber hat.

Antworten Sie Ihrem Partner / Ihrer Partnerin auf die Fragen. Fragen Sie zurück, was er/sie in der Situation macht.

b) Bewerten Sie:
++, +, −, − −.
c) Vergleichen Sie mit R1.

Das können wir:	Gesundheitstipps geben/verstehen	„wenn"-Sätze benutzen	Adjektive benutzen
ich			
Partner/Partnerin			

R3

a) Ergänzen Sie die Adjektiv-Endungen.

Julia erzählt: „Ich habe gestern Anna im neu___ Kino mit einem jung___ Mann gesehen. „Und, wie sieht er aus?" fragt Sophie. „Er ist groß, mit dünn___ Beinen und einem dick___ Bauch. Ich glaube, dass er viel___ Haare auf der Brust hat. Er hat einen eher klein___ Kopf mit rot___ Haaren und einem rund___ Gesicht. Er sieht lustig aus mit seiner groß___ Nase, seinen schmal___ Lippen und seinen abstehend___ Ohren. Wenn er lacht, hat er klein___ Augen und einen breit___ Mund von einem Ohr zum ander___. Ich glaube, dass er ein gut___ Herz hat."

b) Schreiben Sie einen Text. Beschreiben Sie Ihren Traummann / Ihre Traumfrau.

c) Bewerten Sie:
++, +, −, − −.

• Ich kenne die Artikel von Substantiven zum Thema „Körper".	
• Ich kann Adjektiv-Endungen richtig benutzen.	

Moment mal!

▶ Was tun Sie und Ihre Freunde für die Gesundheit? Fragen Sie Freunde.
▶ Was muss Ihr Arzt von Ihnen wissen? Welche Krankheiten hatten Sie schon? Machen Sie sich eine Liste.

Grammatik-Übersicht (Kapitel 1–14)

Verb: Formen und Gebrauch

1. Verb: Präsens

➔Kapitel 2:
Ü3 – Ü5, Ü10

	suchen	arbeiten	nehmen	haben	**sein**	**möch t-**
ich	such e	arbeit e	nehm e	hab e	**bin**	**möch t e**
du	such st	⚠ arbeit **e**st	⚠ n**i**mm st	⚠ **ha** st	**bist**	**möch t est**
Sie	such en	arbeit en	nehm en	hab en	**sind**	**möch t en**
er / es / sie	such t	⚠ arbeit **e**t	⚠ n**i**mm t	⚠ **ha** t	**ist**	**möch t e**
wir	such en	arbeit en	nehm en	hab en	**sind**	**möch t en**
ihr	such t	⚠ arbeit **e**t	nehm t	hab t	**seid**	**möch t et**
Sie	such en	arbeit en	nehm en	hab en	**sind**	**möch t en**
sie	such en	arbeit en	nehm en	hab en	**sind**	**möch t en**
PERSONAL-PRONOMEN	VERB: STAMM ENDUNG				⚠	⚠

2. Verben mit Reflexivpronomen

➔Kapitel 12:
Ü12 – Ü15

Christine **freut sich** über die Einladung. Auf dem Fest trifft sie viele Freunde. Die meisten Gäste haben Hunger und **beeilen sich**: Sie **bedienen sich** am Büffet selbst.

	VERB	+ REFLEXIV-PRONOMEN	PERSONAL-PRONOMEN	REFLEXIV-PRONOMEN
ich	freue	mich	ich	mich
du	freust	dich	du	dich
Sie	freuen	**sich**	Sie	**sich**
er / es / sie	freut	**sich**	er / es / sie	**sich**
wir	freuen	uns	wir	uns
ihr	freut	euch	ihr	euch
Sie	freuen	**sich**	Sie	**sich**
sie	freuen	**sich**	sie	**sich**

→Kapitel 5:
Ü6, Ü8, Ü13

3. Modalverben: Präsens

	können	wollen	müssen	dürfen	sollen	mögen
ich	kann	will	muss	darf	soll	mag
du	kann st	will st	muss t	darf st	soll st	mag st
Sie	könn en	woll en	müss en	dürf en	soll en	mög en
er es sie	kann	will	muss	darf	soll	mag
wir	könn en	woll en	müss en	dürf en	soll en	mög en
ihr	könn t	woll t	müss t	dürf t	soll t	mög t
Sie	könn en	woll en	müss en	dürf en	soll en	mög en
sie	könn en	woll en	müss en	dürf en	soll en	mög en

→Kapitel 5:
Ü7 – Ü8

4. Modalverb und Verb: Satzklammer

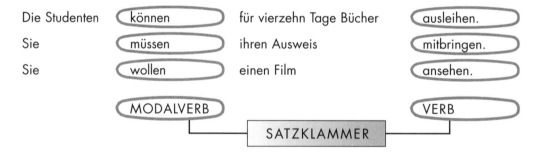

Die Studenten	(können)	für vierzehn Tage Bücher	(ausleihen.)
Sie	(müssen)	ihren Ausweis	(mitbringen.)
Sie	(wollen)	einen Film	(ansehen.)

(MODALVERB)   (VERB)

SATZKLAMMER

→Kapitel 4:
Ü8 – Ü10,
Ü22 – Ü23

5. Trennbare Verben: Satzklammer

(auf { stehen)   Wann { steht)   Brigitte   (auf {?

{ Steht)   sie   gerne   (auf {?

Nein, sie { steht)   nicht gerne   (auf {.

(ab { fahren)   Wann { fährt)   der Bus   (ab {?

{ Fährt)   er   um 7 Uhr 30   (ab {?

Nein, er { fährt)   um 7 Uhr 21   (ab {.

(vor { stellen)   { Stellen)   Sie   Ihren Partner   (vor {!

(PRÄFIX { VERB)   { VERB)   (PRÄFIX {

PRÄFIX: betont   SATZKLAMMER

6. Imperativ

a) Formen

→Kapitel 12: Ü6

INFINITIV	legen	schneiden	nehmen	fahren	sein	
SINGULAR 2. Person	leg(e)!	schneid(e)!	⚠ ni**mm**!	fahr(e)!	sei!	**-(e)**
	leg**en** Sie!	schneid**en** Sie!	nehm**en** Sie!	fahr**en** Sie!	sei**en** Sie!	**-en**
PLURAL 2. Person	leg**t**!	⚠ schneid**et**!	nehm**t**!	fahr**t**!	⚠ sei**d**!	**-(e)t**
	leg**en** Sie!	schneid**en** Sie!	nehm**en** Sie!	fahr**en** Sie!	sei**en** Sie!	**-en**

b) Gebrauch: Befehl, Aufforderung

→Kapitel 12: Ü5, Ü7

„Bitte, **sei** so nett: **Nimm** die Tomaten und **schneid(e)** sie in Stücke! Nun **leg(e)** sie auf die Platte …"

7. Perfekt

a) Perfekt: Satzklammer

→Kapitel 9: Ü14

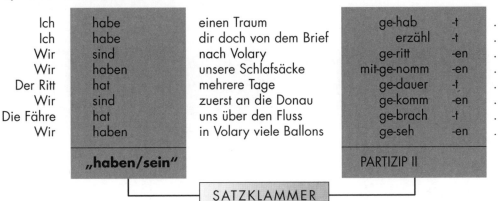

	„haben/sein"		PARTIZIP II	
Ich	habe	einen Traum	ge-hab	-t .
Ich	habe	dir doch von dem Brief	erzähl	-t .
Wir	sind	nach Volary	ge-ritt	-en .
Wir	haben	unsere Schlafsäcke	mit-ge-nomm	-en .
Der Ritt	hat	mehrere Tage	ge-dauer	-t .
Wir	sind	zuerst an die Donau	ge-komm	-en .
Die Fähre	hat	uns über den Fluss	ge-brach	-t .
Wir	haben	in Volary viele Ballons	ge-seh	-en .

SATZKLAMMER

b) Partizip II: regelmäßige Verben

→Kapitel 9: Ü15 – Ü17, Ü23 – Ü24

Infinitiv:	Partizip II:		
haben	ge-	hab	-t
träumen	ge-	träum	-t
erzählen		erzähl	-t
	ge-	PRÄSENS-STAMM	**-t**

Partizip II: unregelmäßige Verben

Infinitiv:		Partizip II:		
sehen		ge-	seh	-en
reiten		ge-	ritt	-en
mitnehmen	mit-	ge-	nomm	-en
		ge-	PERFEKT-STAMM	**-en**

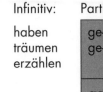

	bringen:	ge-	brach	**-t**
	denken:	ge-	dach	**-t**

→Kapitel 9:
Ü15 – Ü17,
Ü22 – Ü24

c) Partizip II: Formen

Typ 1: Verben ohne Präfix

Infinitiv:	Partizip II:
fragen	ge - frag - t
gehen	ge - gang - en

Typ 2: Verben mit trennbarem Präfix

Infinitiv:	Partizip II:
einkaufen	ein - ge - kauf - t
wegfliegen	weg - ge - flog - en

Typ 3: Verben mit nicht trennbarem Präfix + Verben mit der Endung „-ieren"

Infinitiv:	Partizip II:
erzählen	erzähl - t
bekommen	bekomm - en

Infinitiv:	Partizip II:
telefonieren	telefonier - t
markieren	markier - t

→Kapitel 9:
Ü25

d) Perfekt mit „haben" oder „sein": Konjugation

	PERFEKT mit „haben"			PERFEKT mit „sein"		
SINGULAR						
ich	habe	den Ballon	gefunden	bin	weit	geritten
du	hast	den Ballon	gefunden	bist	weit	geritten
Sie	haben	den Ballon	gefunden	sind	weit	geritten
er es sie	hat	den Ballon	gefunden	ist	weit	geritten
PLURAL						
wir	haben	den Ballon	gefunden	sind	weit	geritten
ihr	habt	den Ballon	gefunden	seid	weit	geritten
Sie	haben	den Ballon	gefunden	sind	weit	geritten
sie	haben	den Ballon	gefunden	sind	weit	geritten
	PRÄSENS von + PARTIZIP II **„haben"**			PRÄSENS von + PARTIZIP II **„sein"**		

Die meisten Verben bilden das Perfekt mit „haben".

Verben mit der Bedeutung ‚Bewegung zu einem Ziel' bilden das Perfekt mit „sein".

 sein: ich **bin gewesen**
bleiben: ich **bin geblieben**

8. Präteritum (1): „haben" und „sein"

→Kapitel 11:
Ü4 – Ü5

	haben		sein	
ich	ha-**tt**-e	-e	**war**- —	- —
du	ha-**tt**-est	-est	**war**-st	-st
Sie	ha-**tt**-en	-en	**war**-en	-en
er es sie	ha-**tt**-e	-e	**war**- —	- —

	haben		sein	
wir	ha-**tt**-en	-en	**war**-en	-en
ihr	ha-**tt**-et	-et	**war**-t	-t
Sie	ha-**tt**-en	-en	**war**-en	-en
sie	ha-**tt**-en	-en	**war**-en	-en

-tt- ← PRÄTERITUM- → **war-** SIGNAL

-tt- ← PRÄTERITUM- → **war-** SIGNAL

Verb und Ergänzungen

→Kapitel 8:
Ü9 – Ü10

1. Subjekt und Nominativergänzung

Herr Probst	ist	Turmwächter.
Der junge Mann	ist	Student.

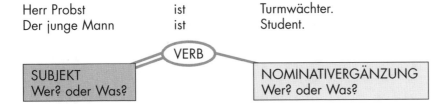

2. Subjekt und Akkusativergänzung

Herr Probst	hat	eine große Wohnung.
Die Wohnung	hat	zwei Zimmer, eine Küche und ein Bad.
Die Studentin	sucht	ein Zimmer.
Sie	ruft	ihre Freundin an.

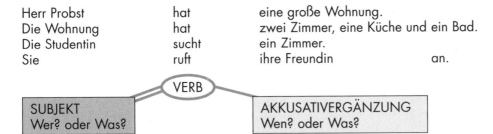

3. Subjekt und Dativergänzung

Das Bild	gehört	meinem Freund.
Elena	gefällt	mir.

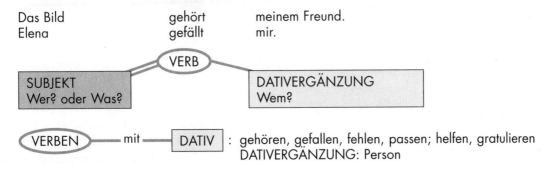

VERBEN — mit — DATIV : gehören, gefallen, fehlen, passen; helfen, gratulieren
DATIVERGÄNZUNG: Person

4. Subjekt und Dativergänzung + Akkusativergänzung

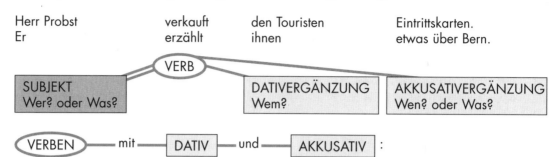

| Herr Probst | verkauft | den Touristen | Eintrittskarten. |
| Er | erzählt | ihnen | etwas über Bern. |

| SUBJEKT Wer? oder Was? | VERB | DATIVERGÄNZUNG Wem? | AKKUSATIVERGÄNZUNG Wen? oder Was? |

VERBEN — mit — DATIV — und — AKKUSATIV :

1. Bedeutung „geben und nehmen": geben, nehmen, (mit)bringen, kaufen, verkaufen, ausleihen
2. Bedeutung „informieren": sagen, erzählen, schreiben, erklären, vorlesen, zeigen

DATIVERGÄNZUNG: Person   AKKUSATIVERGÄNZUNG: Sache

→Kapitel 8:
Ü27 – Ü29

Dativ- und Akkusativergänzung: Stellung im Satz

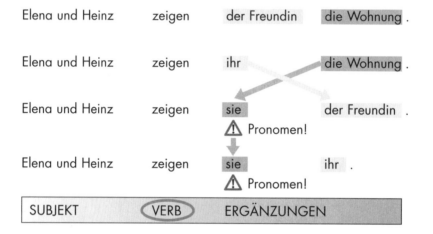

| Elena und Heinz | zeigen | der Freundin | die Wohnung . |

| Elena und Heinz | zeigen | ihr | die Wohnung . |

| Elena und Heinz | zeigen | sie | der Freundin . |
| | | ⚠ Pronomen! | |

| Elena und Heinz | zeigen | sie | ihr . |
| | | ⚠ Pronomen! | |

| SUBJEKT | VERB | ERGÄNZUNGEN |

5. Subjekt und lokale Situativergänzung

| Herr Probst | wohnt | in einem Turm. |
| Die junge Ausländerin | lebt | auf dem Land. |

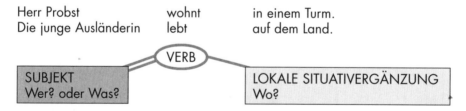

| SUBJEKT Wer? oder Was? | VERB | LOKALE SITUATIVERGÄNZUNG Wo? |

→Kapitel 12:
Ü16 – Ü17

6. Subjekt und Präpositionalergänzung

Christine	freut sich	**über** die Einladung.	
„Ich	danke	**für** die Einladung."	
Die Gastgeber	warten	**auf** die Gäste.	
Viele Leute	nehmen	**an** der Party	teil.
Die Gäste	unterhalten sich	**über** andere Gäste.	
„Der Weißwein	passt	**zum** Fisch."	

| SUBJEKT Wer? oder Was? | VERB | PRÄPOSITIONALERGÄNZUNG Worüber? Wofür? Worauf? Woran? Wozu? ... Über/Für/Auf/An wen? Zu wem? |

Personalpronomen: Nominativ, Akkusativ, Dativ

→Kapitel 8:
Ü22 – Ü26
Ü30 – Ü31

SINGULAR		
NOMINATIV	AKKUSATIV	DATIV
ich	mich	mir
du	dich	dir
Sie	Sie	Ihnen
er	ihn	ihm
es	es	ihm
sie	sie	ihr

PLURAL		
NOMINATIV	AKKUSATIV	DATIV
wir	uns	uns
ihr	euch	euch
Sie	Sie	Ihnen
sie	sie	ihnen

Artikel-Wörter und Substantiv

1. Bestimmter/Unbestimmter Artikel: Nominativ und Akkusativ

→Kapitel 3:
Ü20 – Ü22

Unbestimmer Artikel:

Bestimmter Artikel:

Das ist **ein** Zeitungstext.

VERB — NOMINATIV

Wir lesen **einen** Zeitungstext.

VERB — AKKUSATIV

Der Zeitungstext informiert über die „Young Gods".

Lesen Sie **den** Text laut.

„Götter" im U
(ml) „The Young Go
aus der Schweiz.
kommt aus Genf,
Fribourg und Urs Hi
Sie spielen seit zehn
spielt Schlagzeug, Al
Franz singt – auf De
Englisch.

Das ist **ein** Interview.

Max Lemper macht **ein** Interview.

Das Interview dauert zwei Minuten.

Wir lesen **das** Interview in der Zeitung.

Das ist **eine** Band.

Wir hören jetzt **eine** Rock-Band.

Die Band macht Rock-Musik.

Wie finden Sie **die** Band?

UNBESTIMMTER ARTIKEL (ein, ein, eine):
unbekannt oder neu im Text

BESTIMMTER ARTIKEL (der, das, die):
bekannt oder nicht neu im Text

SINGULAR	MASKULIN	NEUTRUM	FEMININ
NOMINATIV	**der/ein** Text	**das/ein** Interview	**die/eine** Band
AKKUSATIV	**den/einen** Text	**das/ein** Interview	**die/eine** Band

→Kapitel 4:
Ü24 – Ü26

2. Artikel und Substantiv: Singular und Plural

SINGULAR	PLURAL	SINGULAR	PLURAL
der/ein Tag der/ein Brief	die/— Tag **e** die/— Brief **e**	das/ein Land das/ein Haus	die/— L ä nd **er** die/— H äu s **er**
das/ein Jahr die/eine Stadt ⚠	die/— Jahr **e** die/— Städt **e**		

1 der/ein
das/ein → **die/— -e**

3 das/ein → **die/— ̈-er**

SINGULAR	PLURAL	SINGULAR	PLURAL
die/eine Sprach**e** die/eine Stund**e** die/eine Reis**e**	die/— Sprache **n** die/— Stunde **n** die/— Reise **n**	der/ein Sänger das/ein Zimmer der/ein Morgen das/ein Zeichen der/ein Artikel	die/— Sänger ☐ die/— Zimmer ☐ die/— Morgen ☐ die/— Zeichen ☐ die/— Artikel ☐
der/ein Nam**e** ⚠	die/— Name **n**		

2a die/eine
-e am Wortende → **die/— -n**

4 der/ein -er
der/ein -en
das/ein -el → **die/—** ☐

SINGULAR	PLURAL	SINGULAR	PLURAL
die/eine Zah**l** die/eine Zeitu**ng**	die/— Zahl **en** die/— Zeitung **en**	der/ein Ballon das/ein Hotel die/eine Band	die/— Ballon **s** die/— Hotel **s** die/— Band **s**
der/ein Men**sch** ⚠	die/— Mensch **en**		

2b die/eine
Konsonant am Wortende → **die/— -en**

5 Fremdwort
(englisch,
französisch) → **die/— -s**

→Kapitel 3:
Ü23

3. Null-Artikel

Die Young Gods machen ■ Musik. Alain spielt ■ Sampler, Urs spielt ■ Schlagzeug.
Sie haben nie ■ Zeit.
Christian hört gern ■ Rock-Musik, aber ■ Jazz gefällt ihm nicht.
Mario spielt ■ Klavier in einer Jazz-Band; die Band spielt auch ■ Volksmusik.

⚠ ■ Musik machen/spielen/hören   ■ Klavier/■ Schlagzeug spielen   ■ Zeit haben

4. Artikel-Wörter und Substantiv: Deklination

→Kapitel 6:
Ü11 – Ü15
Ü20 – Ü21

„Das ist kein Kugelschreiber, das ist ein Bleistift, der Bleistift von Hans!"

	SINGULAR	PLURAL
MASKULIN		NOMINATIV /AKKUSATIV:
NOMINATIV	der / ein / kein Satz	
AKKUSATIV	d**en** / ein **en** / kein **en** Satz	
DATIV	d**em** / ein **em** / kein **em** Satz	di**e** / / kein **e** Sätze Wörter Gruppen
NEUTRUM		
NOMINATIV	das / ein / kein Wort	
AKKUSATIV	das / ein / kein Wort	DATIV:
DATIV	d**em** / ein **em** / kein **em** Wort	
FEMININ		d**en** / / kein **en** Sätze**n** Wörter**n** Gruppe**n**
NOMINATIV	di**e** / ein **e** / kein **e** Gruppe	
AKKUSATIV	di**e** / ein **e** / kein **e** Gruppe	
DATIV	d**er** / ein **er** / kein **er** Gruppe	

(18)

5. Possessivartikel und Substantiv

→Kapitel 6:
Ü22 – Ü25

PERS. PRON.	POSSESSIVARTIKEL + SUBSTANTIV: SINGULAR NOM.			PLURAL NOM.
SINGULAR	MASKULIN	NEUTRUM	FEMININ	
ich	mein Bleistift	mein Buch	mein **e** Cassette	mein **e**
du	dein Bleistift	dein Buch	dein **e** Cassette	dein **e**
Sie	Ihr Bleistift	Ihr Buch	Ihr **e** Cassette	Ihr **e**
er/es	sein Bleistift	sein Buch	sein **e** Cassette	sein **e**
sie	ihr Bleistift	ihr Buch	ihr **e** Cassette	ihr **e** Stifte Bücher Cassetten
PLURAL				
wir	unser Bleistift	unser Buch	unser **e** Cassette	unser **e**
ihr	euer Bleistift	euer Buch	eu(e)r **e** Cassette	eu(e)r **e**
Sie	Ihr Bleistift	Ihr Buch	Ihr **e** Cassette	Ihr **e**
sie	ihr Bleistift	ihr Buch	ihr **e** Cassette	ihr **e**

Auch im Akkusativ / Dativ Singular haben mein , dein , Ihr … die gleichen Endungen
wie ein , kein . Akkusativ / Dativ Plural haben die gleichen Endungen wie kein .

Adjektiv: Formen und Gebrauch

→Kapitel 7:
Ü4

1. Prädikatives Adjektiv

Der Baum (ist) schwarz . Das Haus (ist) grün . Die Farbe (ist) hell .

Die Bäume (sind) schwarz . Die Häuser (sind) grün . Die Farben (sind) hell .

> („sein") + ADJEKTIV OHNE ENDUNG

→Kapitel 7:
Ü5, Ü10,
Ü16 – Ü17

→Kapitel 14:
Ü2 – Ü3,
Ü23 – Ü25

2. Attributives Adjektiv: Nominativ, Akkusativ, Dativ

Sie hat ▮ hohe[s] Fieber.
Der Arzt gibt ihr ein starkes Mittel gegen da[s] hohe ▮ Fieber.

> SUBSTANTIV-GRUPPE:
> ARTIKEL-WORT + ADJEKTIV MIT ENDUNG + SUBSTANTIV

In der Substantiv-Gruppe hat der Artikel oder die Adjektivendung ein Kasus-Signal □.

a) Adjektivendungen nach dem bestimmten Artikel (Singular)

SING.	MASKULIN			NEUTRUM			FEMININ		
NOM.	de[r]	heiß e	Tee						
AKK.	de[n]	heiß en	Tee	da[s]	gut e	Mittel	di[e]	schwer e	Grippe
DAT.	de[m]	heiß en	Tee	de[m]	gut en	Mittel	de[r]	schwer en	Grippe

b) Adjektivendungen nach dem unbestimmten Artikel ein-, kein und Possessivartikel (Singular)

SING.	MASKULIN			NEUTRUM			FEMININ		
NOM.	(k)ein	heiß e[r]	Tee						
AKK.	(k)eine[n]	heiß en	Tee	(k)ein	gut e[s]	Mittel	(k)eine	schwer e	Grippe
DAT.	(k)eine[m]	heiß en	Tee	(k)eine[m]	gut en	Mittel	(k)eine[r]	schwer en	Grippe

c) Adjektivendungen nach Null-Artikel (Singular)

SING.	MASKULIN			NEUTRUM			FEMININ		
NOM.	▮	heiß e[r]	Tee						
AKK.	▮	heiß e[n]	Tee	▮	gut e[s]	Mittel	▮	schwer e	Grippe
DAT.	▮	heiß e[m]	Tee	▮	gut e[m]	Mittel	▮	schwer e[r]	Grippe

d) Adjektivendungen im Plural

PLURAL	MIT ARTIKEL-WORT			OHNE ARTIKEL-WORT		
NOM. AKK.	di[e]	stark en	Schmerzen	▮	stark e	Schmerzen
DAT.	de[n]	stark en	Schmerzen	▮	stark e[n]	Schmerzen

3. Graduierung

a) Regelmäßig:

→Kapitel 11: Ü6 – Ü8

POSITIV	klein	stark	–
KOMPARATIV	klein-er	stärk-er	**-er-**
SUPERLATIV	der das klein-st-e die	stärk-st-e	**-st-e**
	am klein-st-en	stärk-st-en	**-st-en**

b) Adjektive mit -d, -t, -s, -ß, -sch, -z am Wortende:

weiß	alt	–
weiß-er	ält-er	**-er-**
weiß-**e**st-e	äl**t**-est-e	**-est-e**
weiß-est-en	äl**t**-est-en	**-est-en**

c) Unregelmäßig:

POSITIV	gut	groß	hoch	⚠ **gern / lieb**	⚠ **sehr / viel**
KOMPARATIV	⚠ **besser**	größer	⚠ **hö**her	lieber	⚠ **mehr**
SUPERLATIV	der das ⚠ **beste** die	⚠ **größte**	⚠ **hö**chs**te**	liebste	⚠ **das meiste**
	am ⚠ **besten**	⚠ **größten**	⚠ **hö**chs**ten**	liebsten	⚠ **meisten**

Vergleich (1)

→Kapitel 11: Ü15 – Ü16

1. Kleine Geschäfte sind **(genau)so wichtig** **wie** große.

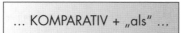

... „(genau)so" + POSITIV + „wie" ...

Vergleich (2)

→Kapitel 11: Ü15 – Ü16, Ü22 – Ü24

1. Im Supermarkt kauft man **billiger** **als** auf dem Markt.

... KOMPARATIV + „als" ...

Vergleich (3)

→Kapitel 11: Ü20 – Ü21, Ü24

1. Die Prager Straße ist **die bekannteste** Einkaufsstraße von Dresden.

... BEST. ARTIKEL + SUPERLATIV + SUBSTANTIV

Vergleich (4)

→Kapitel 11: Ü20, Ü22

1. Auf dem Markt kaufe ich **am liebsten**.

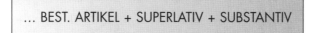

... „am" + SUPERLATIV

→Kapitel 10:
Ü6 – Ü7

Präpositionen: Gebrauch und Bedeutung

Sabine kommt **aus** Bremen. Sie kann **seit** einem Jahr fliegen, Sie fährt **mit** ihrem Freund **zum** Flughafen. Sie fliegen **mit** dem Flugzeug **nach** Wilhelmshaven. **Vom** Flugzeug haben sie eine schöne Aussicht.

Nach einer Stunde landen sie. Reiner geht es nicht gut **beim** Rundflug. Er hat Angst. „Morgen fliegen wir **in** die Schweiz, **nach** Zürich", lacht Sabine.

NAME OHNE ARTIKEL			SUBSTANTIV MIT ARTIKEL-WORT		
aus **nach**	Bremen Wilhelmshaven		**seit** **mit**	ein**em** ihr**em**	Jahr Freund
PRÄPOSITION + NAME			**PRÄPOSITION** + **KASUS-SIGNAL** + SUBST.		

→Kapitel 10:
Ü10, Ü20

1. Präpositionen mit Dativ

aus, bei, mit, nach, seit, von, zu ➡	IMMER MIT **DATIV**

zum Flughafen ← **zu** dem Flughafen   **zur** Grenze ← **zu** der Grenze

bei, von, zu + dem → **beim, vom, zum**	**zu** + der → **zur**

→Kapitel 10:
Ü18 – Ü19,
Ü24 – Ü26

2. Wechselpräpositionen: mit Akkusativ oder Dativ

Jenny ist **auf** den Hügel **hinter** dem Bauernhof gestiegen. Der Wind weht. Sie steht **auf** dem Hügel und hat gerade ihren Ballon gestartet. Er ist jetzt **über** dem Bauernhof

und steigt **in** die Höhe. Bald kann Jenny den Ballon nicht mehr sehen. Er fliegt sehr weit, **über** die Grenze, **in** die Tschechische Republik.

Wohin steigt der Ballon? – **In** die Höhe.
Wohin fliegt er? – **Über** die Grenze.

Wo steht Jenny? – **Auf** dem Hügel.
Wo ist der Ballon? – Hoch **über** dem Bauernhof.

Wohin?

RICHTUNG / BEWEGUNG ➡

Wo?

**POSITION/
RUHE**

1a) Jenny geht **hinter** das Haus.
2a) Jenny kommt wieder **vor** das Haus.

1b) Sie ist jetzt **hinter** dem Haus.
2b) Jetzt steht sie **vor** dem Haus.

3a) Sabine und Franz fliegen **über** die Weser.   3b) Das Flugzeug ist genau **über** der Weser.
4a) Das Schiff fährt jetzt **unter** die Brücke.   4b) Das Schiff ist gerade **unter** der Brücke.

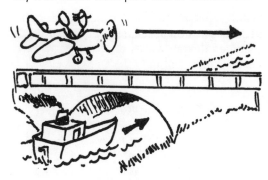 

5a) Giovanna geht **ins** Klassenzimmer.   5b) Sie ist jetzt **im** Klassenzimmer.
6a) Sie stellt die Tasche **auf** den Tisch.   6b) Ihre Tasche steht **auf** dem Tisch.
7a) Sie hängt ihren Mantel **an** die Wand.   7b) Ihr Mantel hängt **an** der Wand.

8a) Giovanna legt die Bücher **neben** die Tasche.   8b) Die Bücher liegen **neben** der Tasche.
9a) Sie legt den Füller **zwischen** die Tasche und die Bücher.   9b) Der Füller liegt **zwischen** der Tasche und den Büchern.

in, an, auf, vor, hinter, über, unter, neben, zwischen

Wohin? ➡   **Wo?**

MIT **AKKUSATIV**   MIT **DATIV**

ins Klassenzimmer ← **in** das Klassenzimmer   **im** Klassenzimmer ← **in** dem Klassenzimmer

in, an, auf + das → **ins, ans, aufs**	**in, an** + dem → **im , am**

⚠ NAME/SUBSTANTIV MIT ARTIKEL	NAME OHNE ARTIKEL
„Morgen fliegen wir **in** die Schweiz,	**nach** Zürich!"
in + AKKUSATIV	**nach** + NAME

→Kapitel 12:
Ü23 – Ü26

3. Übersicht: Präpositionen mit Akkusativ oder/und Dativ

PRÄPOSITIONEN MIT ...			
... AKKUSATIV	... DATIV	... AKKUSATIV (wohin?) ODER	DATIV (wo?)
bis durch für gegen ohne um	aus bei mit nach seit von zu		an auf hinter in neben über unter vor zwischen

Hauptsatz: Typen

→Kapitel 1:
Ü1 – Ü2,
Ü8 – Ü11,
Ü13, Ü16

1. Wortfrage und Aussagesatz

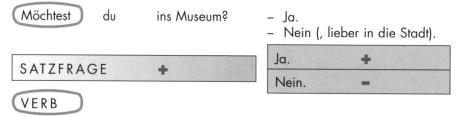

2. Satzfrage (positiv)

→Kapitel 2:
Ü15 – Ü18

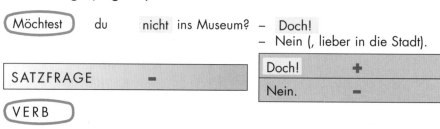

→Kapitel 2:
Ü15 – Ü18

3. Satzfrage (negativ)

Möchtest du nicht ins Museum? – Doch!
– Nein (, lieber in die Stadt).

Doch!	+
Nein.	–

SATZFRAGE –

VERB

→Kapitel 1:
Ü22 – Ü24

4. Aufforderungssatz

Antworten Sie!

AUFFORDERUNGSSATZ

VERB

Nebensatz: Typen

1. Hauptsatz und Nebensatz (1): „dass"-Satz

➔Kapitel 13:
Ü13 – Ü14

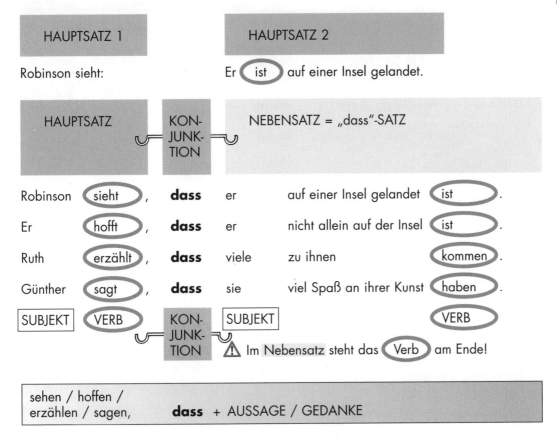

	HAUPTSATZ 1			HAUPTSATZ 2	
Robinson sieht:			Er _ist_ auf einer Insel gelandet.		

HAUPTSATZ		KON-JUNK-TION	NEBENSATZ = „dass"-SATZ		
Robinson	_sieht_ ,	**dass**	er	auf einer Insel gelandet	_ist_ .
Er	_hofft_ ,	**dass**	er	nicht allein auf der Insel	_ist_ .
Ruth	_erzählt_ ,	**dass**	viele	zu ihnen	_kommen_ .
Günther	_sagt_ ,	**dass**	sie	viel Spaß an ihrer Kunst	_haben_ .
SUBJEKT	VERB	KON-JUNK-TION	SUBJEKT		VERB

⚠ Im Nebensatz steht das _Verb_ am Ende!

sehen / hoffen / erzählen / sagen,	**dass** + AUSSAGE / GEDANKE

2. Hauptsatz und Nebensatz (2): Kausalsatz

➔Kapitel 13:
Ü9 – Ü10

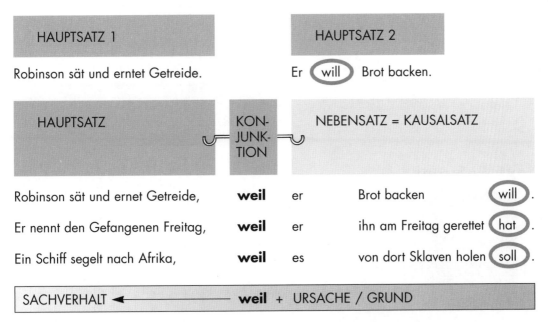

	HAUPTSATZ 1			HAUPTSATZ 2	
Robinson sät und erntet Getreide.			Er _will_ Brot backen.		

HAUPTSATZ	KON-JUNK-TION	NEBENSATZ = KAUSALSATZ	
Robinson sät und ernet Getreide,	**weil**	er	Brot backen _will_ .
Er nennt den Gefangenen Freitag,	**weil**	er	ihn am Freitag gerettet _hat_ .
Ein Schiff segelt nach Afrika,	**weil**	es	von dort Sklaven holen _soll_ .

SACHVERHALT ◄	**weil** + URSACHE / GRUND

→Kapitel 14:
Ü17 – Ü18

3. Hauptsatz und Nebensatz (3): Konditionalsatz mit realer Bedingung

a) Hauptsatz vor Nebensatz:

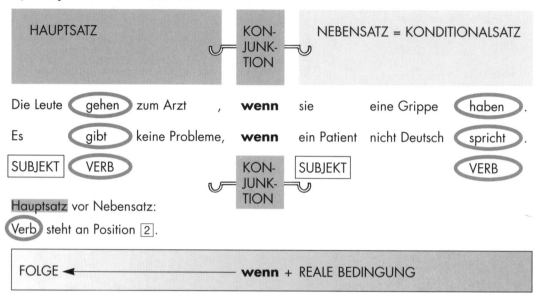

HAUPTSATZ	KON-JUNK-TION	NEBENSATZ = KONDITIONALSATZ

Die Leute (gehen) zum Arzt , **wenn** sie eine Grippe (haben).

Es (gibt) keine Probleme, **wenn** ein Patient nicht Deutsch (spricht).

SUBJEKT (VERB) | KON-JUNK-TION | SUBJEKT (VERB)

Hauptsatz vor Nebensatz:
(Verb) steht an Position ②.

FOLGE ◄──────── **wenn** + REALE BEDINGUNG

b) Nebensatz vor Hauptsatz:

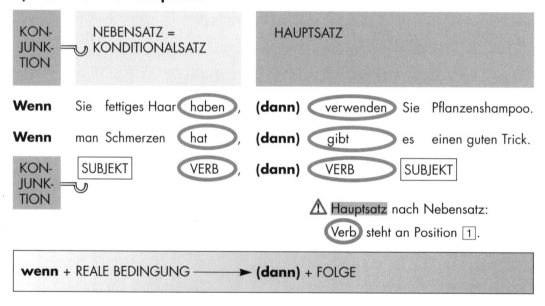

KON-JUNK-TION	NEBENSATZ = KONDITIONALSATZ	HAUPTSATZ

Wenn Sie fettiges Haar (haben), **(dann)** (verwenden) Sie Pflanzenshampoo.

Wenn man Schmerzen (hat), **(dann)** (gibt) es einen guten Trick.

KON-JUNK-TION | SUBJEKT (VERB), **(dann)** (VERB) SUBJEKT

⚠ Hauptsatz nach Nebensatz:
(Verb) steht an Position ①.

wenn + REALE BEDINGUNG ──────► **(dann)** + FOLGE

→Kapitel 1:
Ü3

Text: Referenz

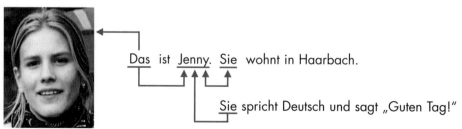

Das ist Jenny. Sie wohnt in Haarbach.

Sie spricht Deutsch und sagt „Guten Tag!"

Lösungsschlüssel (Kapitel 1–14)

Kapitel 1

Ü1 a) 1B, 2E, 3D, 4F, 5A, 6C

Ü2 b) 2. (Sie spricht) Deutsch. 3. In Zürich. 4. (Er spricht) Schweizerdeutsch. 5. Anna, Jenny, Urs. 6. (Sie spricht) Türkisch und Deutsch.

Ü3 a) Das ist Urs. Er wohnt in Zürich.

Er spricht Schweizerdeutsch, und er sagt „Grüezi!"

Das ist Anna. Sie wohnt in Innsbruck.

Sie spricht auch Deutsch. Sie sagt „Servus!"

b) 1. Sie – Sie, 2. Er – Er – er

Ü4 2. Madrid, 3. Italien, 4. Athen, 5. London, 6. Irland, 7. Frankreich, 8. Reykjavik, 9. Norwegen, 10. Schweden, 13. Moskau, 14. Ankara, 15. Bern, 16. Wien, 17. Deutschland

Ü5 Im Süden: Spanien/Madrid, Portugal/Lissabon, Griechenland/Athen;

Im Westen: England/London, Irland/Dublin, Frankreich/Paris;

Im Norden: Island/Reykjavik, Norwegen/Oslo, Schweden/Stockholm;

Im Osten: Rumänien/Bukarest, Litauen/Wilna, Rußland/Moskau, die Türkei/Ankara;

Im Zentrum: Österreich/Wien, die Schweiz/Bern, Deutschland/Berlin, die Tschechische Republik/Prag.

Ü7 a) 1. liegt – Süden, 2. ist, 3. Wo – Süden, 4. Zentrum, 5. liegt – Schweiz, 6. ist – Rumänien

Ü8 wohnt – spricht – sagt – sagt

Ü9 Position ②

Ü10 b) Das ist Anna. Wo wohnt sie? Sie wohnt in Innsbruck. Welche Sprache spricht sie? Sie spricht Deutsch. Was sagt sie? Sie sagt „Servus!" Was sagt Maria? Was sagt Yves? Maria sagt „Buenos días." Yves sagt „Bonjour!" Welche Sprache spricht Urs? Er spricht Schweizerdeutsch. Wo liegt die Schweiz? Im Zentrum von Europa.

Ü11 1. ist, wohnt, spricht, sagt; 2. ist, wohnt, spricht, sagt; 3. wohnt, spricht; 4. spricht; 5. ist/liegt, ist; 6. spricht

Ü12 1. Bilge ist Türkin und Deutsche. Sie spricht Türkisch. 2. Martin spricht Deutsch und Polnisch. Er kommt aus der Schweiz und lebt in Warschau. 3. Akemi lebt in Innsbruck. Sie kommt aus Japan. Sie lernt Deutsch.

Ü13 1. Woher kommt sie? 2. Welche Sprache(n) spricht sie? 3. Wer ist das? 4. Wo lebt sie? 5. Wo wohnt Martin? 6. Woher kommt er?

Ü14 Menschen, maskulin: Schweizer, Engländer, Schwede; Menschen, feminin: Österreicherin, Türkin, Schwedin; Länder: die Schweiz, Japan, Frankreich; Sprachen: Deutsch, Japanisch, Englisch, Schwedisch

Ü15 1. Türkei – Türkin, 2. Französisch, 3. Schweizerdeutsch – Schweizer, 4. Deutsch, 5. Japanerin/Österreicherin – Englisch, 6. Englisch – England, 7. Schweden – Schwedisch

Ü16 1. heißt – heiße – kommst – Wo – Spanien – wohnst – Bremen, 2. heißen – ist – kommen – Wo – In England – wie.

Ü17 a) 2. du – Ich, 3. du – Ich, 4. Sie – Sie

b) 2. kommst – komme, 3. sprichst – spreche, 4. ist – kommt – spricht

Ü18 Endung für ich: -e, für du: -(s)t, für Sie: -en, für er/sie: -t; sein: er/sie ist

Ü20 a/b)

①	②	③
Woher	kommst	du?
Ich	komme	aus Alicante.
Welche Sprachen	sprichst	du?
Ich	spreche	Spanisch und Italienisch.
Das	ist	Maria.
Sie	kommt	aus Alicante.
Sie	spricht	Spanisch und Italienisch.

c) Position ① oder ③.

Ü21 a) ① Sie ist Türkin. Sie sagt „Merhaba". Sie spricht Türkisch und Deutsch. ② Wie heißen Sie? Ich heiße Martin Baumgartner. Woher kommen Sie? Aus der Schweiz. Wo wohnen Sie? In Warschau. Welche Sprachen sprechen Sie? Deutsch, Französisch und Polnisch.

Ü22 a) 1.–9.: -en

b) Im Aufforderungssatz steht das Verb in Position ①.

Ü23 a/b) 2. Wo wohnt Urs? Lesen Sie! Urs wohnt in ... 3. Lesen Sie die Texte! Antworten Sie bitte! Wer ist das? Das ist Akemi. Welche Sprachen spricht sie? Fragen Sie! Sie spricht Japanisch und Englisch. 5. Lesen Sie die Sätze! Markieren Sie das Verb! Ergänzen Sie die Satzzeichen!

Ü24 Wortfrage: Position ②; Aussagesatz: ②; Aufforderungssatz: ①

Ü26 a)

Name:	Maria	Yves Pelletier	Silvia Meier
Herkunft:	Barcelona	Paris	Bozen
Wohnort:	Berlin	Genf	Innsbruck
Adresse:	Kafkastraße 5	–	Lindenstraße 9

Ü27 ✉ 3., 8. 📠 2., 9. 🕐 10. 📷 1., 5., 6. ⏏AB 2., 11. 🔓 12. ✏ 4., 6., 7., 14. AUS 2., 3., 13.

Ü28 2. B, 3. B, 4. A, 5. A, 6. B, 7. B, 8. A, 9. A, 10. A

Ü29 vergleichen ankreuzen *Türkin Sperrerin* korrigieren markieren *heiß e* ergänzen bewerten

Ü30 2. der Rhythmus, 3. beschreiben, 4. ergänzen, 5. die Tabelle

Ü31 a) Anna, Max, Anders, Anders, kommst, Schwede, Englisch, Trollhättan, so, Maria, Alicante, Maria, Anna

Ü32 a) →Lehrbuch, S. 10, A18

R5 Aussagesatz: Position ②; Aufforderungssatz: Position ①; Wortfrage: Position ②.

Kapitel 2

Ü1 a) (Beispiel): ● Guten Tag! ○ Guten Abend! ● Ich suche ein Einzelzimmer für etwa 90 Mark. ○ Einen Moment bitte! Da gibt es das Hotel Ambassador, da kostet das Einzelzimmer 80 Mark; und das Hotel Luise, da kostet das Einzelzimmer 90 Mark. ● Ich nehme (das Zimmer im) Ambassador. Reservieren Sie bitte für mich? ○ Gerne. Wie ist Ihr Name? ● ...

Ü2 b) 1. ein Doppelzimmer, 2. 120 Mark, 3. 160 Mark, 4. das Hotel Europa, 5. das Hotel Europa, 6. Martin Baumgartner

Ü3 1. -t, -en, ist; 2. sind, -en, -en, -en, ist; 3. ist, -t, bist, bin, -st, -est, -e, -e

Ü4 a) suchen: ich suche, du suchst, Sie suchen; arbeiten: ich arbeite, Sie arbeiten, er/es/sie arbeitet; nehmen: ich nehme, du nimmst, Sie nehmen, er/es/sie nimmt; haben: ich habe, Sie haben, er/es/sie hat; sein: ich bin, du bist, Sie sind, er/es/sie ist

Ü5 1. heißt, kommst, wohnst, ist, sprichst; 2. heiße, bin/komme, wohne, ist, spreche; 3. heißen, kommen, wohnen, ist, sprechen; 4. ist, ist, wohnen, arbeiten, sprechen; 5. spricht, lernt, spricht, lernt

Ü8 a/b) ● Ober ○ Frau ■ Mann

(Beispiel für Dialog):

● Guten Abend, was möchten Sie, bitte?

○ Die Karte, bitte.

■ Ich möchte einen Kaffee, bitte.

● Kaffee oder Espresso?

■ Espresso, bitte.

● Und was nehmen Sie, bitte?

○ Ein Salat-Sandwich und eine Cola.

● Möchten Sie auch ein Sandwich?

■ Nein, danke. Nur einen Espresso.

Ü10 a) 1. -est, 2. -e, 3. -et, 4. -en, 5. -e

b)

möcht-: Endungen			
ich	möcht-**e**	wir	möcht-**en**
du	möcht-**est**	ihr	möcht-**et**
Sie	möcht-**en**	Sie	möcht-**en**
er es sie	möcht-**e**	sie	möcht-**en**

Ü11 1f, 2f, 3r, 4f, 5f

Ü14 Stadt, Stadtplan, Stadtrundfahrt, Stadtzentrum; Tee, Telefon, Text, Theater; einfach, einmal, Einzelzimmer, Entschuldigung

Ü15 a) Möchtest du nicht ins Museum? – Ist das weit?

Ü16 a) 1. Ja. 2. Doch. 3. Ja. 4. Das Hotel Lindenhof.

b) 5. Wie heißt die Freundin von Milena? 6. Woher kommt sie? 7. Möchte sie ins Café? 8. Liegt das Café nicht im Zentrum?

c) 9. Ja. 10. Doch! 11. Ja. 12. Doch!

d) 13. Ergänzen Sie die Verben. 14. Lesen Sie die Mini-Dialoge laut. 15. Antworten Sie. 16. Fragen Sie.

Ü17

	1	2	3
Wortfrage		Verb	
Aussagesatz		Verb	
Aufforderungssatz	Verb		
Satzfrage	Verb		

Ü18 Wortfrage und Aussagesatz: Verb in Position 2.
Aufforderungssatz: Verb in Position 1.

Ü20 a) Am Bahn – hof. Die Stra – ßen – bahn. Ver – zei – hung!
Im Zen – trum. Ein Ta – xi. Ho – tel Lin – den – hof. Gu – ten
Tag! Ein Ho – tel – zim – mer. Wie hei – ßen Sie? Mo – ment,
bit – te. Wie schreibt man das? Buch – sta – bie – ren Sie.
Vie – len Dank!

c) 1. Die Straßenbahn. Wie heißen Sie? Moment, bitte. Wie
schreibt man das? 2. Guten Tag! Vielen Dank! 3. Hotel Lindenhof. Ein Hotelzimmer. Buchstabieren Sie. 4. Am Bahnhof.
Verzeihung! Im Zentrum. Ein Taxi.

Ü21 a) Hallo, Milena! (↓) Einen Kaffe? (↑) Einen Tee, bitte! (↓) Mit
Zitrone? (↑) Mit Milch und Zucker? (↑) Zwei Mineralwasser.
(↓) Ein Sandwich mit Salami. (↓) Mit Käse? (↑) Mit Tomaten
und Schinken? (↑) Eine Tagessuppe. (↓) Salat mit Tomaten? (↑)
Zwei Hamburger? (↑) Ja, gerne. (↓)

Kapitel 3

Ü1 (1) Holland, (2) März, (3) Frankreich, (4) April, (5) Mai,
(6) Mai, (7) Juni, (8) Juli, (9) August, (10) (in) Deutschland,
(11) Schweiz, (12) August, (13) Schweden, (14) Norwegen,
(15) September, (16) Oktober, (17) Portugal.

Ü2 a/b) 1. Januar, 2. Februar, 3. März, 4. April, 5. Mai, 6. Juni,
7. Juli, 8. August, 9. September, 10. Oktober, 11. November,
12. Dezember

Ü4 a)

Name	Franz	Alain	Urs
Alter	30	33	27
Stadt	Genf	Freiburg	Zürich
Beruf	Sänger	Sampler	Schlagzeuger
Instrument	– – –	Sampler	Schlagzeug
Muttersprache	Französisch	Französisch	Schweizerdeutsch

Ü6 b/c)

Anna	klassische Musik	Saxophon
Lisa	Popmusik	Klavier
Barbara	Rock und Jazz	Gitarre
Eva	Volksmusik	Sängerin

Ü7 1 – 3 – 5 – 7 – 8 – 9 – 10 – 11 – 12 – 13 – 15 – 20

Ü8 a) eins, zwei, drei, vier, fünf, sechs, sieben, acht, neun, zehn,
elf, zwölf, dreizehn, vierzehn, fünfzehn, sechzehn, siebzehn,
achtzehn, neunzehn, zwanzig

Ü9 zehn einundvierzig fünfundsiebzig;
acht fünfundsechzig achtundneunzig;
39 17 64: neunundddreißig siebzehn vierundsechzig;
10 86 11: zehn sechsundachtzig elf;
eins-sechs eins-sieben sieben-null, sechzehn siebzehn siebzig

Ü11 1. Telefonnummer: 01-256 69 07
2. Telefonnummer: 01-871 33 05, Fax: 871 33 19
3. Vorwahl: 089, Telefonnummer: 15 92 10
4. Vorwahl: 0511, Telefonnummer: 168 47 83
5. Vorwahl für Spanien: 0034, Vorwahl für Madrid: 1,
Telefonnummer: 319 91 00, Faxnummer: 310 21 04

Ü15 ① (1) findest, (2) gut, (3) hörst, (4) Rock-Musik, (5) nicht so,
(6) bist.
② (7) heißt, (8) kommst, (9) Wie, (10) alt, (11) gut, (12) laut,
(13) Musik, (14) mache, (15) spiele, (16) Italien.
③ (17) wie, (18) geht, (19) gern, (20) gut, (21) Klassik,
(22) spitze, (23) Dank, (24) Bitte.

Ü16 Sehr schlecht. – Schlecht! – Nicht so gut. – Es geht. –
Nicht schlecht. – Gut. – Sehr gut! – Spitze!

Ü17 1r, 2f, 3f, 4f, 5f, 6f, 7f

Ü18 A2, B1, C2, D3, E4, F4, G3, H4

Ü20 a/b) 2. Wir lesen jetzt einen Zeitungstext. Lesen Sie den Text
laut. 3. Das ist ein Interview. Das Interview dauert zwei
Minuten. 4. Max Lemper macht ein Interview. Wir lesen das
Interview in der Zeitung. 5. Wir hören jetzt eine Band. Wie
finden Sie die Band?

Ü21 a) NOMINATIV: das/ein Interview die/eine Band
AKKUSATIV: das/ein Interview die/eine Band
b) Nominativ und Akkusativ sind gleich für FEMININ und
NEUTRUM, aber anders für MASKULIN.
c) FEMININ: Nominativ und Akkusativ sind gleich; MASKU-
LIN-Formen: Nominativ: der/ein; Akkusativ: den/einen.

Ü22 2. ein – das, 3. eine – Die, 4. ein – der, 5. ein – Das,
6. einen – Der

Ü23 1. Musik – Sampler – Schlagzeug – Sänger – Zeit, 2. Rock-
Musik – Jazz, 3. Klavier – Volksmusik

Ü26 a) Bremen, Salzburg, Basel, Wuppertal, Frankfurt, Bonn, Prag,
September, April, November, Januar, Oktober, Juni, August,
zehn, sieben, fünf, elf, acht

Ü27 a) Vokal lang: Vokal + h, Vokal + e, Vokal + 1 Konsonant,
Vokal + Vokal; kurz: Vokal + 2 Konsonanten.

RF2 A: Über Musik sprechen: S. 20; Zahlen: S. 18, 19; bestimmter/
unbestimmter Artikel: S. 23; Informationen zu Personen: S. 19.
B: Monate und Kontinente: S. 18; Aussprache von Vokalen:
S. 22; Informationen in Texten: S. 21; Mind-map „Musik": S. 22.

R5 ein, das, die, –, die, den

Kapitel 4

Ü1 a/b)

	Wann?	Wie spät?	Wie geht's?
1	Abend	kurz nach 10 (Uhr) abends / 22 Uhr	Frau: gut Mann: schlecht
2	Tag / Mittag	5 (Minuten) vor 12 kurz vor 12 (Uhr)	1. Frau: gut 2. Frau: gut
3	Nacht	halb 2 (Uhr) am Morgen	nicht so gut, müde; gut
4	Morgen	Viertel nach 7	2. Frau: gut

Ü2 Dialog 1: 1 – 6 – 3 – 7 – 5 – 4 – 2
Dialog 2: 1 – 7 – 3 – 8 – 5 – 2 – 6 – 4

Ü4 acht / acht Uhr / zwanzig Uhr; sieben nach acht / acht Uhr
sieben / zwanzig Uhr sieben; halb neun / acht Uhr dreißig /
zwanzig Uhr dreißig; Viertel vor neun / acht Uhr fünfundvierzig / zwanzig Uhr fünfundvierzig; acht vor neun / acht Uhr
zweiundfünfzig / zwanzig Uhr zweiundfünfzig

Ü5 1. halb elf, 2. fünf vor acht, 3. fünf vor halb neun, 4. fünf nach
fünf, 5. fünf nach sieben (am Morgen) oder: 15.07 ist früher
als fünf nach sieben (am Abend), 6. drei Minuten vor drei

Ü6 1. 14.13; 2. 23.57.30; 3. Viertel vor 7 / 6.45 / 18.45;
4. halb 8 / 7.30 / 19.30; 5. 20 vor 3 /2.40 / 14.40

Ü8 a) Steht ... auf, fährt ... ab, kommt ... an
b) ab/fahren, an/kommen

Ü9 a) klingelt, steht ... auf, liegt, steht ... auf, duscht, macht,
geht ... los, braucht, fährt ... ab, kommt ... an, steigt ... aus,
geht, kommt ... an, schaut ... an, plant
b) klingeln, auf/stehen, liegen, duschen, machen, los/gehen,
brauchen, ab/fahren, an/kommen, aus/steigen, gehen,
an/schauen, planen

Ü10

Dann	steht	sie langsam	auf.
Zuerst	duscht	sie.	
Danach	macht	sie das Frühstück.	
Um Viertel nach 7	geht	sie	los.
Sie	braucht	etwa 5 Minuten bis zum Bus.	
Der Bus	fährt	genau um 7 Uhr 21	ab.
Um 7 Uhr 34	kommt	er im Stadtzentrum	an.
Da	steigt	sie	aus.
Sie	geht	zur Post und dann ins Büro.	
Um Viertel vor 8	kommt	sie im Büro	an.
Sie	schaut	den Terminkalender	an
und	plant	den Arbeitstag.	

Ü11 9 – 7 – 1 – 5 – 3 – 2 – 6 – 8 – 4 – 10

Ü12 1. geht's; 2. schlecht; 3. Gut; 4. acht; 5. halb zehn; 6. elf;
7. 0345/78 91 26

Ü16 MO: Montag, DI: Dienstag, MI: Mittwoch, DO: Donnerstag,
FR: Freitag, SA: Samstag, SO: Sonntag

Ü18 eine Sekunde, eine Minute, eine Stunde, eine Nacht, ein Tag,
ein Wochenende, eine Woche, ein Monat, ein Jahr

Ü21 Zeitangaben / Ortsangaben / Strukturwörter:
Am Samstag – erst um acht Uhr. Zuerst. Dann. Um zehn Uhr –
in die Stadt. Im Zentrum. Danach – in einem Restaurant.
So um halb drei – nach Hause. Am Nachmittag. Dann.
Am Abend – ins Kino – danach – in eine Disco. Am Sonntag.

Ü22 (1) lade, (2) kommt, (3) treffe, (4) kaufen, (5) rufe, (6) liest,
(7) schaut, (8) steigt, (9) spielt, (10) gehen / fahren, (11) schlafe

Ü23
16.00	aufstehen	24.00/00.00	Pause machen
16.30	fernsehen	4.00	Kaffee trinken
18.30	zu Abend essen	7.30	nach Hause gehen
19.00	losgehen	etwa 8.00	einkaufen
19.15	den Bus nehmen	etwa 8.30	zu Hause sein
19.35	zu Fuß gehen	8.30	duschen
20.00	arbeiten	8.45	schlafen gehen

Ü24 b) 2a: die / – –n; 2b: die / – –en; 3: die / – –er; 5: die / – –s

Ü25 1: die Texte, Dialoge, Briefe, Freunde, Tage, Abende, Termine;
2a: die Sprachen, Fragen, Stimmen, Adressen, Straßen,
Karten, Reisen, Wochen, Stunden, Minuten, Pausen; 2b: die
Zahlen, Informationen, Möglichkeiten, Zeitungen; 3: die Länder,
Häuser; 4: die Morgen, Wecker, Kalender, Computer, Sänger,
Artikel, Zimmer, Zeichen; 5: die Hotels, Cafés, Festivals,
Interviews, Büros, Kinos, Bands

Ü26 b) 1. der Tag / die Tage, die Woche / die Wochen, der Vormittag / die Vormittage, der Nachmittag / die Nachmittage,
der Termin / die Termine, der Computer / die Computer, der
Brief / die Briefe, der Mittag / die Mittage, die Stunde / die
Stunden, die Pause / die Pausen, die Arbeit / die Arbeiten,
der Abend / die Abende, das Kino / die Kinos, der Freund /
die Freunde
2. die Freundin / die Freundinnen, die Holländerin / die
Holländerinnen, das Café / die Cafés, die Karte / die Karten,
der Plan / die Pläne, der Tag / die Tage, die Möglichkeit / die
Möglichkeiten, die Stadt / die Städte, die Kunstausstellung /
die Kunstausstellungen

Ü27 a) 2. nicht gleich, 3. gleich, 4. nicht gl., 5. nicht gl., 6. gl.,
7. gl., 8. gl.
b) 1. [i:], 2. [i], 3. [i:], 4. [ɛ], 5. [e:], 6. [ɛ], 7. [a:], 8. [a:],
9. [a:], 10. [e:], 11. [ɛ:], 12. [e:]

Ü28 Tomate, Kaffee, Tee, essen, trinken, Saft, Pläne, machen, Kino,
gehen, Tennis, spielen, Abend, spät, Brief, lesen, Zahl, zählen,
zehn, Sätze, bilden, Text, Akzent, Vokal, Melodie.

Ü30 a) Ist heute Dienstag? Steht sie/Eva um sieben auf? Trinkt sie
Tee? Hat sie viele Termine? Kommt sie/die Chefin um zehn?
Ist das der Kollege aus Schweden?

R4 Um, rufe, an. Am, Dienstag, halb. vier. etwa. Mittwoch,
Viertel.

Kapitel 5

Ü1 Deutsch: Was ist schwer? Deutsche Präpositionen, das deut-
sche „r".
Lernen: Radio hören, fernsehen, viel mit Deutschen sprechen,
Zeitung lesen.
Guter Unterricht: in kleinen Gruppen sprechen, über interes-
sante Themen sprechen, viele Spiele, interessante Dialoge.
Gutes Lehrbuch: Bilder, nicht zu lange Texte.

Ü2 a/b → Text Ü2b)

Ü4 a) 1. für den Beruf, für die Zukunft; 2. Norwegisch, Englisch,
Spanisch; 3. Deklination, Artikel, Präpositionen; 4. mit Leuten
sprechen; 5. eine Stunde Hausaufgaben machen; 6. Dialoge
spielen, Grammatik üben; 7. viele Bilder, interessante Texte.

Ü5 1. Unterricht – 13 Uhr. 2. Bücher – Cassetten. 3. wollen – ausleihen – Film. 4. hilft – informiert. 5. Studenten – Grammatik –
Problem – sprechen – sehen – Grammatik – Hören – Lesen.

Ü6 a) ① geht – kann – machen – kann – lernen – muss –
mitbringen – kann – ausleihen. ② will – lernen – kann – ausleihen – darf – (mit)nehmen – muss – arbeiten. ③ soll – lernen
– Soll – lernen – sagt – soll – hören – lesen – sprechen –
schreiben. ④ mögen – sagt – mag – mag.
b) kann – kannst – kann; will – willst – will; muss – musst –
muss; darf – darfst – darf; soll – sollst – soll; mag – magst –
mag

Ü7 b) Modalverb: Position ② – Verb (Infinitiv): Position ENDE.

Ü8 1. Leslie will in die Mediothek gehen. 2. Was kann sie in der
Mediothek machen? 3. Sie kann Bücher ausleihen. 4. Sie
muss ihren Ausweis mitbringen. 5. Sie will mit einem Computer-Programm Deutsch lernen. 6. Sie kann das Programm
ausleihen. 7. Wie sollen die Studenten Deutsch lernen? 8. Sie
sollen viel hören, lesen, sprechen und schreiben.

Ü9 1. falsch, 2. falsch, 3. richtig, 4. richtig, 5. falsch, 6. richtig

Ü11 1. das Video, 2. das Computer-Programm, 3. ausleihen,
4. das Fernsehen, 5. dauern.

Ü13 ① Mögen – können – kann. ② müssen – dürfen – sollen –
dürfen – will. ③ dürfen – müssen – dürfen – kann.

Ü15 1. 16.00 Uhr – Aufenthaltsraum. 2. Hinterhof – 16.30 Uhr –
Bananen-Wettlauf. 3. 17.30 Uhr – 21.00 Uhr – Flur. 4. 16.30
Uhr – 17.30 Uhr – Streichquartett; 17.10 Uhr – 17.30 Uhr –
14; amerikanische Gospels – japanische Lieder – Gitarren-
musik; 20.00 Uhr – 22.00 Uhr – Hinterhof – 34.

Ü19 1. F, 2. R, 3. I, 4. E, 5. D, 6. E: FRIEDE

Ü20 A) 1. „o", 2. „u", 3. „o", 4. „o", 5. „u", 6. „u", 7. „u", 8. „o"
b) 1. Scholler, 2. Krone, 3. Rohde, 4. Koppmann, 5. Tosse,
6. Vogel, 7. Düring, 8. Uffmann, 9. Grundig, 10. Kuhlmann,
11. Junge, 12. Kruse

Ü21 a) Kurs, besuchen, Gruppe, Sommerfest, Kuchen, Tombola,
Monat, Juni, Juli, August, Oktober, Woche, Montag, Sonntag,
Stunde, kommen, vorbereiten, toll

Ü22 Information / information / information;
Hotel / hotel / hôtel; Grammatik / grammar / grammaire

Ü23 b) A: Gäste, B: viele, C: interessiert, D: alle, E: trinken, F: ißt,
G: wunderbar
c) A5, B3, C6, D7, E1, F4, G2

R4 besucht, Sprachkurs, lernt, für, Beruf, kann, am, einen,
besuchen, Kurs, am, Montag, Donnerstag, bis, Am, arbeitet,
in, Mediothek, kann, Cassetten

Kapitel 6

Ü2 2 – 4 – 5 – 1 – 3 – 7 – 6

Ü8 (1) Lehrerin, (2) Teilnehmerinnen, (3) Teilnehmer, (4) Gruppe,
(5) Prospekt, (6) Schere, (7) Papier, (8) schreiben, (9) Wörter,
(10) Sätze, (11) richtig

Ü10 a) 1. falsch, 2. richtig, 3. falsch, 4. falsch, 5. richtig, 6. richtig
b) 1. Akemi, 2. Gordana, 3. Inci, 4. Ismail, 5. Hamide, 5. Salih

Ü11 a) aus der, seit einem, bei einem, mit dem, zum = zu dem,
seit einer, nach einer, vom = von dem
b/c) dem / einem; dem / einem; der / einer

Ü12 1. Aus der Türkei. 2. Seit einer Woche / einem Monat.
3. Bei einem Freund. 4. Mit einem Buch / einer Cassette.
5. Vom Kurs. / Von der Arbeit. 6. Zur Volkshochschule. /
Zum Goethe-Institut. 7. Nach dem Kurs / der Arbeit.

Ü13 a) In, in, aus, mit, mit
b/c) den Prospekten / Wörtern / Zeitungen

Ü14 (1) in der, (2) Im (In dem), (3) mit einem/dem, (4) (mit) einem/
dem, (5) mit ■/den, (6) Im (In dem), (7) die, (8) die, (9) die,
(10) in den, (11) von der, (12) Nach einer, (13) eine,
(14) Nach der, (15) im (mit dem)

Ü15 1. mit Cassetten, mit Büchern, mit Bildern; 2. beim Radiohören, beim Fernsehen; 3. in/an einem Goethe-Institut, in/an
einer Volkshochschule, in einem Sprachkurs; 4. mit dem/einem
Lehrer, mit der/einer Lehrerin

Ü16 3 – 6 – 4 – 1 – 2 – 5

Ü20 a) ein Heft, kein Buch; eine CD, keine Cassette
b) kein Buch, ein Heft; keine Cassette, eine CD
c)
SINGULAR	MASKULIN	NEUTRUM	FEMININ
NOMINATIV	ein / kein	ein / kein	eine / keine
AKKUSATIV	einen / keinen	ein / kein	eine / keine

Ü22 b) mein-, dein-, Ihr-, sein-, ihr-, unser-, eu(e)r-, ihr-

Ü24 1. zu unserem Fest – mit meinem Freund. 2. in meiner Schule
– bei deiner Wohnung. 3. Von eu(e)rem Institut – von ihrem
Kurs zu eu(e)rem Fest.

Ü27 Tipp 1: Lernen, üben, Zeitplan; Tipp 2: nicht zu viel, Machen,
Pause; Tipp 3: oft, Wiederholen, gemeinsam; Tipp 4: verstehen,
Können, Grammatik

Ü29 Rüsser 3., Göhner 1., Lüttke 2., Schöne 3., Röttger 2., Südmann 1., Küffner 3., Förster 2., Lücke 1., Röth 3., Bühler 2.

Ü30 a) den Künstler begrüßen, natürlich im Süden, die Tür öffnen,
um fünf frühstücken, Französisch lernen, die Bücher suchen,
die Wörter hören, fünfzehn Übungen, die Lösung kennen

R2 a) Martin befolgt die Lerntipps: 3., 4., 6., 7., 8.

Kapitel 7

Ü2 ① rot, ② gelb, ③ orange, ④ blau, ⑤ weiß, ⑥ braun,
⑦ grün, ⑧ schwarz

Ü3 blau; blau; rot; schwarz + blau / blau + schwarz; dunkelrot;
grau; rot; rot + weiß / weiß + rot; braun

Ü4 schön; rot, rosa; schön; dunkelbau, dunkel; rotbraun, interessant; hässlich

Ü5 b) SING. FEM.: eine schöne Farbe; PLURAL: schöne Wörter

Ü6 1. f, 2. r, 3. f, 4. r, 5. f, 6. r, 7. f, 8. f, 9. r, 10. r, 11. f,
12. r, 13. f

Ü7 A-2, B-3, C-1, D-5, E-6, F-4

Ü10 Schwarze, schwarze, roter, gelbe, silberweiße, rote, dunkle,
lange, braune, Blonde, blaue, gelbes, grüne

Ü13 Foto links: 2; Foto Mitte: 1; Foto rechts: 3

Ü15 Leuchtturm-Name: „Westerheversand".
Wo steht er? „An der Nordwestspitze der Halbinsel Eiderstedt
in Nordfriesland nahe des Seebades St. Peter-Ording."
Wie alt ist er? 1907 gebaut, also jetzt ... Jahre alt.

Ü16 interessante, großen, blauen, schwarzen, dunkle, schwarz-rote,
helle, gelbe, starker, gelben, schwarzen, bunte, schöne

Ü17 a) gelbe, gelber, blauer, grauer, gelbe, blauen, schwarz-roten,
schwarzen, blauer, rote, weiße, braune, grüne, tolles, tolle
b) NEUTRUM: das blaue Haus, ein blaues Haus;
FEMININ: die Komposition, die tolle Komposition
c) Links von „Haus" sehen Sie immer ein s. Das zeigt: „Haus"
ist neutrum. Links von „Komposition" sehen Sie immer ein e.
Das zeigt: „Komposition" ist feminin.
Die Pluralformen sind immer gleich: e.

Ü18 1 – 4 – 2 – 3 – 5 – 6 – 7

Ü19 Wie viele? keine, wenige, einige, mehrere, viele, jeder/alle;
Wie viel? nichts, wenig, etwas, viel, alles.

Ü21 schon, erst, bald, jetzt, noch, sofort/gleich, gleich

Ü22 a) 1. Meier, 2. Scheufel, 3. Neiner, 4. Kaufer, 5. Beusig,
6. Raumann

Ü23 Haus – aus, Zeit – seit, sein – klein / mein / ein, drei – bei /
zwei / Mai, Baum – Traum, Frau – grau, heiß – weiß, Leute –
heute

Ü24 a)1. Heute / bleibe / Hause, 2. Zeit, 3. Augen / träume,
4. Freundin / Reise / Europatour, 5. Mai / Türkei, 6. bleiben /
drei, 7. träume / weiter / blau / scheint / heiß, 8. laufen,
9. Leute / freundlich, 10. kaufen / kleine / schreiben,
11. Traum, 12. Augen / Zeit / Freundin

R3 heißt, bunt, stehen, Häuser, gelb, haben schwarze, schwarz-
rote Dächer, finde, ... (schön, hässlich, interessant, nicht so
gut, modern ...)

R4 1. 23, 2. Zypern, 3. fünf/5, 4. in Fribourg, 5. vier/4, 6. Sie
lernt zu Hause. Sie sieht deutsche Filme im Fernsehen. 7. Sie
hat Sprachen gern. Deutsch ist wichtig für den Beruf.

Kapitel 8

Ü1 (1) wohnen, (2) mitten in der Stadt, (3) wie hoch, (4) 100
Meter, (5) wie lange, (6) Seit, (7) Wie groß, (8) glaube,
(9) etwa, (10) Quadratmeter, (11) Zimmer, (12) Küche,
(13) Büro, (14) WC, (15) Stock, (16) Nachbarn

Ü2 a) 1G, 2D, 3E, 4F, 5A, 6C, 7B

Ü3 (1) Wahrscheinlich, (2) vielleicht, (3) wohl, (4) Vermutlich,
(5) vermute, (6) denke

Ü4 Text 1: a-r, b-f, c-f; Text 2: a-r, b-f, c-r; Text 3: a-f, b-f, c-f;
Text 4: a-r, b-r, c-f

Ü8

	Anzeige ①	Anzeige ②
Zahl der Zimmer:	1 / Einzimmer-wohnung	1 (in Bauernhaus / Wohngemeinschaft)
Komfort:	z.B.: mit Balkon / ohne Bad	z.B.: Ruhe, schöne Aussicht, neu renoviert / Bad und Küche gemeinsam
Lage:	im Zentrum	auf dem Land
frei ab:	1. April	sofort
Preis:	650 DM inklusive/warm	150 DM
Telefon / Person:	8363179	Claudia / Frau

Ü9 1.A, 2.E, 3.D, 4.B, 5.B, 6.F, 7.G, 8.C, 9.B, 10.H, 11.A,
12.B

Ü10 2. Was haben Sie? 3. Wie ist die Küche? 4. Wie ist das
Schlafzimmer? 5. Wem gefällt es gut? 6. Wohin geht Frau
Huber – sie ...? 7. Wo arbeitet sie? 8. Was nimmt sie?
9. Wie lange dauert das? 10. Wo ist Herr Huber dann?
11. Was kocht er?

Ü12 (1) teuer, (2) Herd, (3) Ohne, (4) Küche, (5) dabei, (6) Schränke, (7) Regale, (8) Spülbecken, (9) kostet, (10) dabei,
(11) alles, (12) zusammen, (13) ungefähr, (14) komplett

Ü15 ① Wohnzimmer, Sofa, Sessel, Teppich, Möbel, Decke;
② Toilette, Tür(e); ③ Bild, Schlafzimmer; ④ Büro, Computer,
Küche

Ü17 a) 1. violett / von blassem Violett, 2. grün, 3. lila, 4. rot,
5. gelb, 6. blau, 7. scharlachrot

Ü20 a) (1) hängt/ist, (2) an der, (3) liegt/ist, (4) im/auf dem,
(5) hängt/ist, (6) an der, (7) liegt/ist, (8) am/auf dem,
(9) steht/ist, (10) in der

Ü22 b)

SINGULAR				PLURAL		
	NOM.	AKK.	DAT.		NOM.	AKK.	DAT.
	ich	mich	mir		wir	uns	uns
	du	dich	dir		ihr	euch	euch
	Sie	Sie	Ihnen		Sie	Sie	Ihnen
	er	ihn	ihm				
	es	es	ihm		sie	sie	ihnen
	sie	sie	ihr				

Ü23 a) 1. den – ihn, 2. die – sie, 3. das – es, 4. die – sie, 5. dem
– ihm, 6. der – ihr, 7. einen – ihn, 8. den – ihnen

Ü24 a) 1. ihm, 2. Ihnen, 3. ihnen, 4. ihnen, 5. Ihnen, 6. ihr, 7. ihm,
8. Ihnen, 9. ihnen, 10. ihr, 11. ihm, 12. ihm, 13. ihnen
b) 1. ihr, 2. ihr – ihm, 3. euch, 4. ihnen (ihr und ihm)

Ü26 1. Ihnen – es, 2. dir – ihn – ihm, 3. euch – sie – sie – sie,
4. Ihnen, 5. uns

Ü27 a) 1. Elena und Heinz – einen Herd, 2. ihnen – einen Herd,
3. ihn – Elena und Heinz, 4. ihn – ihnen
1. den Touristen – Eintrittskarten, 2. ihnen – Eintrittskarten,
3. sie – den Touristen, 4. sie – ihnen
b) 1. Verb + Dativergänzung + Akkusativergänzung
2. Verb + Akkusativergänzung + Dativergänzung

Ü28 a) Sonja bringt Elena und Heinz eine Lampe mit. b) Herbert
bringt es ihnen mit. c) Pjotr bringt sie Elena und Heinz mit.
d) Rolf bringt ihnen vier Gläser mit. e) Lea bringt sie Elena und
Heinz mit. f) Mira bringt ihnen zwei Stühle mit. g) Sandro
bringt Elena und Heinz einen Tisch mit.

Ü29 2. Er zeigt ihnen die Aussicht. Er erklärt ihnen die Stadt.
4. Dann schreiben die Touristen ihren Bekannten eine Postkarte. 5. Sie schreiben ihnen etwas über die Stadt. 6. Vielleicht
bringen sie ihnen ein Souvenir mit. / Sie bringen ihnen
vielleicht ein Souvenir mit.

Ü30 Herr Probst arbeitet als Turmwächter und verkauft den
Touristen Eintrittskarten.

Im Sommer gibt es eine Menge Touristen, und sie

stellen ihm viele Fragen.

Er zeigt ihnen die Berge und erzählt ihnen etwas

über die Kirche und die Stadt.

Ihm gefällt seine Arbeit.

Er möchte keine andere Arbeit machen.

Herr Probst erzählt:

„Uns fragen Freunde immer wieder:

‚Und das Einkaufen? Wie macht ihr das?'"

Ü32 Richtige Regel: Das Kompositum hat den Artikel des letzten
Wortes.

Ü33 a/b) der Stadtrand – der Waschtisch – der Küchenstuhl – das
Sommerfest – der Satzakzent – die Jazz-Band – die Rock-
Musik – die Traumwohnung – die Bettdecke – das Kopfkissen
– der Farbname – das Hochhaus – der Handschuh – das
Handtuch

Ü34 1. Sagen Sie das noch einmal, bitte? 2. Ja, das stimmt. 3. Machen Sie Sätze wie die hier. 4. Lesen Sie das Programm ganz genau. 5. Die Antworten unterscheiden sich nicht. 6. Ich kenne das Wort nicht.

Ü35 1. einen Rhythmus klopfen/spielen, 2. Das Wörterbuch benutzen, 3. den Namen buchstabieren, 4. eine Frage beantworten, 5. einen Fehler korrigieren, 6. eine Situation spielen, 7. Informationen notieren, 8. ein Bild ansehen, 9. Formen bilden, 10. nicht passende Wörter streichen

Ü36 Person links: Diese Aufgabe ist so schwer! Ich finde und finde keine Lösung. Was bedeutet das Wort? Das muss ich noch einmal wiederholen. Ich verstehe das einfach nicht. Kann das stimmen, oder ist das falsch?
Person rechts: Ich weiß die Antwort. Das ist in meiner Sprache ja genauso. Die Formen aus der Grammatik kann ich jetzt. Das ist ja ganz einfach!

Ü37 a) hören, sprechen, Gruppe, fahren

Ü38 1. Schweizer, 2. Pole, 3. Italiener, 4. Schwede, 5. Schüler, 6. Kollege, 7. Partner, 8. Lehrer, 9. leise, 10. leider, 11. danke, 12. welcher

Ü41 a) Land- / Bücher- / -regal / -kalender / Bett- / Stadt- / -vokal / -decke / Turm- / Termin- / -karte / -zentrum / Welt- / Akzent- / -mensch / -wohnung

Kapitel 9

Ü8

Ü11 a) Regen – bewölkt
b) Nacht: 12–7 Grad; Tag: 12–15 Grad

Ü14 a/b)

Sie	hat	ihren Namen und ihre Adresse auf den Ballon	geschrieben.
Er	ist	weit über das Land	geflogen.
Heute	ist	ein Brief aus der Tschechischen Republik	angekommen.
Jenny	hat	sofort Karin	angerufen.

c) haben/sein: Position ②; Partizip II: am ENDE

Ü15 a) 1. gelebt, 2. gewesen, 3. gemalt, 4. gestiegen, 5. gewechselt, 6. gesehen, 7. geflogen, 8. bekommen, 9. verstanden, 10. gefunden, 11. telefoniert
b) 2. Reiten ist ihr Hobby gewesen. 3. Sie hat ihre Adresse auf einen Luftballon gemalt. 4. Sie ist schnell auf den Hügel gestiegen. 5. Das Wetter hat schnell gewechselt. 6. Jenny hat dunkle Wolken am Himmel gesehen. 7. Der Ballon ist nach Osten geflogen. 8. Nach fünf Tagen hat Jenny einen Brief bekommen. 9. Sie hat nur drei Wörter verstanden. 10. Zdenky und Honzy haben den Ballon gefunden. 11. Jenny hat mit Karin telefoniert.
c) Unregelmäßige Verben Partizip II-Endung: -en

Ü16 a) einkaufen, ergänzen, aufhängen, notieren, malen, haben, starten, warten, vorbereiten, erzählen, entschuldigen, anschauen, vorstellen, leben, verkaufen
b) Typ 1: gemalt, gehabt, gestartet, gewartet, gelebt; Typ 2: eingekauft, aufgehängt, vorbereitet, angeschaut, vorgestellt; Typ 3: ergänzt, notiert, erzählt, entschuldigt, verkauft

Ü17 2a) Hast du über das Thema ,Wortschatzlernen' mitdiskutiert?
b) Haben Sie ...?
3a) Hast du die Regel richtig formuliert? b) Haben Sie ...?
4a) Hast du die Hausaufgaben korrigiert? b) Haben Sie ...?
5a) Hast du die Perfektformen markiert? b) Haben Sie ...?

Ü20 1. sprechen – die Sprache, das Gespräch; 2. sehen – die Sicht, die Aussicht; 3. reiten – hin reiten, der Ritt; 4. planen – der Plan, die Planung; 5. träumen – der Traum; 6. reisen – die Reise

Ü22 a) schlafen, aufgewacht, aufstehen, nehmen, gefrühstückt, eingekauft, gekocht, essen, trinken, lesen, schreiben, telefoniert, ferngesehen, bleiben, gearbeitet, gelernt, gehen, besuchen, sein

Ü23 a) aufstehen, essen, bekommen, ankommen, beschreiben, fliegen, verstehen, gehen, einschlafen
b) Typ 1: gegessen, geflogen, gegangen; Typ 2: aufgestanden, angekommen, eingeschlafen; Typ 3: bekommen, beschrieben, verstanden

Ü24 a) 1. haben – geschlafen; 2. bist – aufgestanden; 3. hast – gefrühstückt; 4. hast – gemacht; 5. Hast – ferngesehen; 6. hast – gegessen; 7. Haben – gelernt; 8. Sind – geblieben; 9. haben – gearbeitet; 10. sind – gewesen.

Ü25 c) 1. abfahren 2. gehen 3. umsteigen 4. ankommen 5. aussteigen 6. einschlafen 7. aufwachen
d) 1. Verben der „Bewegung → Ziel" und Verben der „Veränderung → neuer Zustand": Perfekt mit „sein".
2. Alle anderen Verben: Perfekt mit „haben".

Ü28 1N, 2D, 3E, 4O, 5F, 6P, 7H, 8G, 9M, 10L, 11Q, 12C, 13I, 14B, 15K, 16A, 17J

Ü29 a) 1. Posse, 2. Pahle, 3. Buhmann, 4. Bäumer, 5. Donner, 6. Thalmann, 7. Döpler, 8. Tiekmann, 9. Kast, 10. Keitel, 11. Gerling, 12. Guß
c) 1. [p], [b], [p], [b]; 2. [t], [d], [t], [d]; 3. [g], [k], [g], [k]

Ü33 a) 1. sind; 2. lebt – Bauernhof – Niederbayern – Karin – lebt – Stadt; 3. Beide – gleiche – Hobby; 4. und Pferde; 5 reiten – Felder – Wald – Hügel; 6. Baum; 7. sind – bunt – rot – gelb; 9. hängt – Baum.

R3 A Satzklammer: haben ... gesehen, haben ... gewundert, Haben... aufgehängt, haben ... gefunden; unregelmäßige Verben: geschrieben, gesehen, gefunden.
B regelmäßige Verben: gewundert, aufgehängt; trennbare Verben: aufgehängt.

Kapitel 10

Ü9 einen Rundflug; schon oft geflogen; etwa Angst; dann rechts rüber; ungefähr eineinhalb Stunden; direkt unter uns!; He, was ist mir dir?

Ü10 a) 2. zu einem Rundflug; 3. zum Flugzeug – aus der Halle; 4. mit dem Flugzeug – zur Startbahn; 5. Nach dem Start; 6. Vom Flugzeug aus; 7. beim Fliegen; 8. mit der Freundin.
b) 1. Milena ist seit einem Jahr in Deutschland. 2. Sie wohnt seit einer Woche in Bremen. 3. Sie wohnt bei einer Freundin. 4. Sie fährt vom Bahnhof mit dem Bus nach Hause gefahren. 5. Ihre Freundin geht von der Arbeit immer zu Fuß nach Hause. 6. Sie kann auch mit der Straßenbahn fahren. 7. Dann steigt sie nach einer Station aus.
c) 1. Ein Freund hat Niklas und Reiner zum Essen eingeladen. 2. Sie haben beim Essen einen Plan diskutiert. 3. Sie haben mit Freunden eine Party organisiert. 4. Sie haben viele Kollegen und Kolleginnen zu dem Fest eingeladen. 5. Sie sind nach einer Stunde nach Hause gegangen. 6. Niklas ist zur Haltestelle gegangen. 7. Er ist mit der Straßenbahn gefahren. 8. Reiner ist lieber mit dem Taxi gefahren.

Ü11 Rückfahrkarte – bitte; fahren; hin – zurück; Sparpreis – IC; Platzkarte; Züge; Welchen Zug.

Ü12 a) Praha – Plzen – Furth i(m) Wald – Schwandorf – Landshut.
b) Bis zum 6.11.1994. c) Das ist eine Rückfahrkarte. d) Man kann damit 2. Klasse reisen. Zuschlag: für Reise mit einem EC oder IC.

Ü13 B1, A2, A3, B4, A5, A6, A7, A8, A9, B10, A11, A12

Ü14 a) ① 1, ⑤ 2, ② 3, ③ 4, ④ 5, ① 6, ① 7, ③ 8, ⑤ 9

Ü18 Regel: Wohin? – AKKUSATIV. Wo? – DATIV.

Ü21 a) 1. bequem, 2. billig, 3. leer, 4. schnell, 5. es dauert nicht lange / es geht schnell, 6. nicht zu spät kommen / pünktlich kommen, 7. pünktlich

Ü22 3. – 4. – 5. – 1. – 2.

Ü23 1. zweite(r) Klasse fahren, 2. der Bahnhof, 3. die Strecke, 4. der Zug, 5. die Reise, 6. bezahlen, 7. die Richtung

Ü24 a) 1. Wo? 2. Wohin? 3. Wo? 4. Wo? 5. Wohin? 6. Wo? 7. Wo? 8. Wohin? 9. Wo? 10. Wohin? 11. Wo? 12. Wohin? 13. Wo? 14. Wohin? 15. Wohin?
b/c) in, an, auf, unter, über, vor, hinter, neben, zwischen

Ü25 2. an den Schalter – vor der Tür; 3. ins Theater – im Foyer; 4. ins Büro – im Café Overbeck; 5. ins Hotel – in der Bar; 6. an der Haltestelle; 7. in die Mediothek – in der Mensa; 8. vor der Disco.

Ü28 a) 1. Fenz, 2. Gräwer, 3. Wichtel, 4. Vesper, 5. Kusse, 6. Reiser, 7. Wißling, 8. Passelmann, 9. Sieger, 10. Rauscher

Ü29 a) was [s], lösen [z], Pause [z], Süden [z], passen [s], singen [z], Person [z]; Brief [f], Wetter [f], gewinnen [v], negativ [f], Video [v], treffen [f], für [f]; Schweiz [ʃ], Osten [s], Sprache [ʃ], (du) hast [s], Schule [ʃ], Künstler [s], Stuhl [ʃ]
b) ALLES BRAUCHT SEINE ZEIT.

Ü31 a) sprechen [ʃp], Pause [z], Kursraum [s], buchstabieren [ʃt], erwachen [v], positiv [f], Postkarte [st], Beispiel [ʃp], (zu) Hause [z], bestellen [ʃt], zwei [v], Kurs [s], Kunst [st]

R4 seit einem, in; ans; mit dem, zum, in den, nach; In, zum; am, auf das; Auf dem, in die, vor ihn, von ihm, vor ihm

Kapitel 11

Ü3 ① B, ② A, ③ C, ④ D, ⑤ E, ⑥ F

Ü4

PERS. PRON.	sein PRÄS.	PRÄT.	haben PRÄS.	PRÄT.
ich	bin	war	habe	hatte
du	bist	warst	hast	hattest
Sie	sind	waren	haben	hatten
er/es/sie	ist	war	hat	hatte
wir	sind	waren	haben	hatten
ihr	seid	wart	habt	hattet
Sie	sind	waren	haben	hatten
sie	sind	waren	haben	hatten

Ü6/7

POSITV	KOMPARATIV	SUPERLATIV
schmal	schmaler	am schmalsten
hoch	höher	am höchsten
wichtig	wichtiger	die wichtigste
schön	schöner	die schönsten
gern	lieber	am liebsten
alt	älter	am ältesten
groß	größer	am größten
klein	kleiner	am kleinsten
gut	besser	am besten

Ü9 Beispiele:
Am Freitag geht Dagmar auf den Markt.
Dagmar lebt und arbeitet in Dresden.
Auf dem Markt kommen Kunden und Händler ins Gespräch.
Die Leute vergleichen die Angebote.
Die Menschen trinken miteinander ein Glas Bier.

Ü10 Tomaten; Wunsch; Salat; zusammen, bitte; kosten; Stück (davon); macht, zurück

Ü11 1D, 2F, 3B, 4E, 5C, 6A

Ü12 a) 1. B, 2. D, 3. A, 4. E, 5. C

Ü14 1. r, 2. r, 3. f, 4. f, 5. f, 6. r, 7. r

Ü15 a) 1. ... ist ... frischer als ...   1. ... sind ... nicht so frisch wie ...
2. ... finde ... besser als ...   2. ... finde ... nicht so gut wie ...
3. ... ist ... nicht billiger als ...   3. ... ist ... genauso teuer wie ...
4. ... ist ... nicht kleiner als ...   4. ... ist ... genauso groß wie ...
b) Adjektiv im Komparativ + „als" / „(genau-)so" + Adjektiv + „wie"

Ü18 a) die Packung, die Dose, die Flasche, der Kasten, der Becher, das Glas
b) Flasche: Milch, Mineralwasser, Bier, Wein, Saft, Essig, Öl ...
Becher: Joghurt, Sahne ...
Dose: Limonade, Bier, Gemüse, Fisch, Öl, Fleisch, Wurst ...
Glas: Marmelade, Joghurt, Gemüse, Fisch ...
Packung: Käse, Milch, Saft, Kaffee, Reis, Mehl, Nudeln ...

Ü20 a) Superlativ mit Substantiv = attributiv;
„sein" mit „am" + Superlativ = prädikativ;
b) Artikel + Superlativ + Substantiv; „sein" + „am" + Superlativ

Ü23 b) 1. Zwei Schwestern ...   5. Trotzdem fanden sie ...
2. Die ältere war ...   6. „Weißt du was?", sagte ...
3. Die jüngere war ...   7. „Abgemacht", sagte ...
4. Als sie sich nach ...

Ü24 a) das jüngere, das jüngste, das älteste, das jüngste, das älteste, das jüngste
b) 3. Zeile; 1. Zeile; 2. + 4. Zeile

Ü25 a) Küche, welche, manchmal, sie möchte, Licht, natürlich, vergleichen, Kirche
b) schreiben, rot, führen, reisen

Ü26 a) 1. aufwachen [x], 2. nackt [k], 3. Nacht [x], 4. lachen [x], 5. Lack [k], 6. Macht [x]
b) 1. Kirche [ç], 2. Kirsche [ʃ], 3. möchten [ç], 4. mischen [ʃ], 5. Milch [ç], 6. Menschen [ʃ],

Ü28 a) Man spricht „ch" [x] nach „a, o, u, au".
b) noch/Nacht – nicht, Sprache – sprechen, Fach – Fächer, Dach – Dächer, Woche – wichtig, Buch – Bücher, Nacht – Nächte

R2 a) nördlicher, kleiner, als, wichtiger, größten, wie, wenig(e), meisten, bedeutendsten, älteste

R4 a/b) im Supermarkt: Milch, Käse, Gemüse; 1. billiger, 2. bekomme alles / schneller, 3. näher; Metzger: Wurst, Fleisch; am besten.

Kapitel 12

Ü2 1. eigentlich – vielleicht/wahrscheinlich; 2. wohl – sicher/wahrscheinlich; 3. sicher; 4. wahrscheinlich/wohl/sicher; 5. eigentlich – hoffentlich/sicher; 6. vielleicht/wohl/wahrscheinlich/hoffentlich/sicher – kaum

Ü5 1. nehmen Sie ...; fahren Sie ...; lassen Sie ... stehen; 2. nehmt ...; steigt ... aus; geht ...; Habt keine Angst! 3. nimm ...; bleib ...; fahr ...; Sei so nett!

Ü6 a) geh!; nimm!; fahr!; hab!; sei!; seien Sie!
b) 1. keine Endung, Endung -e; 2. gleich, -(e)t; 3. gleich, -en

Ü7 2. Komm herein! 3. Bedient euch selbst! 4. Holt euch selbst etwas vom Büffet! 5. Hilf mir! 6. Erzählen Sie mir von der Reise!

Ü9 1. der Teller, 2. das Geschirr, 3. das Besteck, 4. der Herd, 5. der Topf, 6. der Kühlschrank

Ü11 1C, 2B, 3C, 4B, 5B, 6A

Ü12 3. Die Dame bedient sich (selbst). 4. Sie holt sich ein Getränk.

Ü13 a) 2. Ich – mich; 4. ich – mich; 5. Sie – sich; 6. Die Leute – sich; 7. Er – sich

b)

SUBJEKT	AKK. ERG.	DAT. ERG.
ich	dich	–
ich	mich	–
der Ober	die Karte	ihm
ich	mich	–
Sie	sich	–
Die Leute	sich	–
Er	ein Glas Wein	sich
ich	einen Aperitif	Ihnen

Ü14 b) Regel: ich, du, wir, ihr

Ü15 1. mich anziehen; 2. treffen sich; 3. sich ... umschauen; 4. uns ... unterhalten; 5. sich ... gefreut; 6. sich ... anstellen; 7. uns beeilen; 8. mir ... gekauft; 9. holt sich

Ü16 Auf wen (wartet Claudia)? → auf die Gäste
Mit wem (unterhält sie sich)? → mit ihrer Freundin
Worüber (freut sich Christine)? → über die Einladung
Worauf (wartet sie)? → auf das Essen

Ü17 a) Person: 1. auf ihre Gäste; 4. zu dir; 5. an seinen Bruder Theo; 8. bei Susanne. Sache: 2. über Bern; 3. zur Küche; 6. von einer Reise; 7. von dem Brief aus Volary; 9. über schöne und weniger schöne Dinge
b) 2. Worüber? 3. Wozu? 4. Zu wem? 5. An wen? 6. Wovon? 7. Wovon? 8. Bei wem? 9. Worüber?

Ü18 b) Bild 1 (links): in einen Topf gießen, dazugeben;
Bild 2 (Mitte): erhitzen, rühren, 10 Minuten kochen;
Bild 3 (rechts): abkühlen lassen, klein schneiden, dazugeben, einrühren

Ü21

Was ist anders?	im Gespräch (auf Cassette)
... etwas gefunden?	... gewählt?
Nein, ... heißt ...	Ja, aber ... ist ...
... Kartoffeln ...	... Nudeln ...
... frische ...	... verschiedene ...
... alle aus unserem Garten.	... alles frische Sachen.
Holen ...	Hm, ja, schön! Bringen ...
... eine Suppe?	... eine Vorspeise?
Eine große Salatplatte?	Ein bunter Salatteller?
... wir haben ...	... es gibt ...
... die nehme ich.	... bringen Sie mir eine.
... Nudeln ...	... Gemüse ...
Und was möchten Sie trinken?	Und zum Trinken?
... bekomme ...	... nehm ...
Entschuldigung, ...	Entschuldigen Sie ...
... große Probleme ...	... ein kleines Problem ...
... nicht mehr.	... heute nicht mehr.
... die Speisekarte.	... die Karte.

Ü23 bis, um, bis (um), gegen/um

Ü24 um, durch, entlang, entlang, durch

Ü25 1. für die Freundin, 2. ohne (die) Bücher, 3. gegen die Schule, 4. ohne die andere, 5. gegen die Wand, 6. für den Test

Ü26 nur mit Akkusativ: um, bis, gegen, durch, für, ohne, entlang;
nur mit Dativ: zu, aus, von, nach, seit, bei, mit;
Wechselpräpositionen mit Akkusativ oder Dativ: in, an, auf,
vor, hinter, über, unter, neben, zwischen

Ü27 a) 1. Heisig, 2. Hauer, 4. Hägar, 5. Hellmann, 9. Heder
b) 1. Eis – heiß, 2. aus – Haus, 3. Halle – alle, 4. er – Herr,
5. Hessen – essen, 6. offen – hoffen, 7. Ende – Hände,
8. ihr – hier

Ü29 a) woher, geholt, Hochhaus, gehabt, gehängt, wohin, unterhalten, deshalb, zweihundert
b) Man spricht [h] nach dem Akzentvokal: nein;
am Wort/Silbenanfang: ja.

R2 Hallo, geht, dir, alles, Ordnung, glaube, war, Monaten,
gern(e), welche, soll, bei, sein, kann, mitbringen, gern(e),
viele, kenne, außer, bis

R4 dir, für, mich, über, über, kommen, Komm(e), mich, an, uns,
deinen

Kapitel 13

Ü2 a) Mamsellen (5.), lauft herbei (8.), Narretei (3.), Gaukler (2.),
erbauen (1.), gar vieles (9.), Zauberspiel (7.), entführt (6.),
exotisch (4.)

Ü4 a) ① B, ② B, ③ D, ④ A, ⑤ C; ①–⑤ E

Ü5 b) A – ①②, B – ③④, C – ④③, D – ③⑤⑥, E – ④⑥⑦,
F – ⑦, G – ⑦, H – ②⑦⑤⑥

Ü8 b) 4. – 7. – 1. – 6. – 2. – 8. – 5. – 3.

Ü9 Kausalsätze beginnen immer mit „weil".
Im Kausalsatz steht das Verb immer am Ende.
„Weil" und das Verb bilden im Kausalsatz eine Satzklammer.

Ü10 2. Er isst zu viel, weil Knödel sein Leibgericht sind.
3. Er hat Schmerzen, weil sein Bauch zu voll ist.
4. Clementine ist böse, weil Knoop nicht auf sie gehört hat.
5. Knoop muss sofort zum Arzt, weil ihm so schlecht ist.
6. Der Arzt muss den Bauch aufschneiden, weil Knoop sonst
platzt.
7. Knoop ist froh, weil die Schmerzen weg sind.
8. Aber er ist auch traurig, weil die Arztrechnung sehr hoch
ist.
9. Clementine schimpft, weil Knoop zu schnell und zu viel
gegessen hat.
10. Wir sind froh, weil die Geschichte gut zu Ende geht.

Ü13 b) Der „dass"-Satz beginnt mit „dass". Das Verb steht am
Ende. „Dass" und das Verb am Ende bilden eine Satzklammer.

Ü23 1. dem / den, 2. seinen / seinem, 3. vom / von, 4. ihren /
ihrem, 5. wen / wem, 6. welchem / welchen

Ü24 a) 1. Häusern / Häuser, 2. Wörter / Wörtern, 3. Nummer /
Nummern, 4. Regeln / Regel, 5. Hügel / Hügeln, 6. Gabeln /
Gabel

Ü26 a) 1. Lindt [l], 2. Glaserl [l], 3. Rauer [r], 4. Klöber [l],
5. Rehmann [r], 6. Brock [r]

R2 a) ④, ①, ③, ②, ④, ①, ③, ④
b) F, B, D, C, G, A, E, H
c) … weil unser Hanns nun nichts mehr sieht.
…, dass zwei Männer aus der Stadt herbeilaufen.

R3 a) Hanns findet alles so interessant, dass er nie aufpasst. –
Hanns fällt ins Wasser, weil er immer in die Luft schaut. – Zwei
Männer sehen, dass Hanns ins Wasser gefallen ist. – Die Männer holen Hanns aus dem Wasser, weil er nicht schwimmen
kann. – Die Fische lachen über Hanns, weil er ganz nass ist.

Kapitel 14

Ü1 nehme – benutze/verwende – putze – wasche – verwende/
benutze – fühle

Ü2 a) ● schwarze Haare, grüne Augen; ○ braune Augen, blonde
Haare; ■ Ältere Menschen mit grauen Haaren; □ mit den
langen, braunen Haaren; ● ihre großen Ohren, ■ mit den
blauen Augen; ○ Seine kurzen Haare
b) Mit Artikelwort: Endung -en; ohne Artikelwort: -e oder -en

Ü4 a) liegen: Kopf, Ohren; sitzen: anziehen, Füße, Hand;
stehen: vor dem Spiegel stehen – Zähne putzen

Ü5 a) der Arm – das Bein – der Kopf – das Knie – der Hals –
der Finger – die Hand – das Ohr

Ü9 Erwachsene: die Grippe, die Erkältung, die Infektion(skrank-
heit), die Rückenschmerzen, die (Sport-)Verletzung; Kinder: die
Erkältung, der Husten, der Schnupfen, die Ohrenentzündung

Ü10 b) 1. gern, 2. Verdauung, 3. Sie, 4. viel, 5. Krankheiten

Ü11 a) mögliche Zuordnungen: A7/3, B2, C6/5, D4/3/5/6, E3,
F1/5/6/11, G2, H1/2/7/16, I13/3, J7, K14/4/5/8/9,
L16/15, M11/1/7/16, N9/1/14, O6/4/16, P10/1/15/16

Ü13 a) Durchfall: ein Mittel, Schokolade, Bananen; Verstopfung:
Abführmittel; Kopf- und Halsweh, Erkältung, Grippe, Fieber:
Schmerzmittel; Sonnenbrand, Insektenstiche: Salbe;
Verletzungen: Pflaster, Verbandstoffe, Desinfektionsmittel

Ü15 a) A: Zusammensetzung; B: Homöopathisches Arzneimittel bei
Halsweh Nr. 1 – Indikationen; C: Dosierung / Gabenhäufig-
keit; D: Einnahmevorschriften
b) Gregor. Er soll etwa 7 Kügelchen nehmen. Er soll sie jede
Stunde nehmen, mit zunehmender Besserung der Beschwerden weniger oft, aber so lange, bis
die Erkältung geheilt ist. Er kann die Kügelchen vor oder nach
dem Essen einnehmen. Er soll sie im Mund zergehen lassen,
nicht zerbeißen.

Ü16 1. Rheuma(schmerzen), Verstauchungen, Prellungen;
2. Verstopfung; 3. Husten, Erkältungen, Schnupfen, Grippe

Ü17 b) 1. habe – nehme; 2. nehme – habe; 3. muß – ist; 4. reise –
nehme; 5. gehe – fühle; 6. kann – trinke; 7. bin – nehme;
8. trinke – bin; 9. habe – mache; 10. habe – brauche
c) Hauptsatz vor Nebensatz („wenn"-Satz): 2, 3, 5, 8, 10;
Nebensatz („wenn"-Satz) vor Hauptsatz: 1, 4, 6, 7, 9
d) 1. Im „wenn"-Satz/Nebensatz steht das Verb am Ende.
2. Wenn der Nebensatz vor dem Hauptsatz steht, ist das Verb
im Hauptsatz in Position ①.

Ü18 a) 1. Wenn Sie erkältet sind, hilft ein Kräuter-Tee. Ein Kräuter-
Tee hilft, wenn Sie erkältet sind. 2. Man muss im Bett bleiben,
wenn man eine starke Grippe hat. Wenn man eine starke
Grippe hat, muss man im Bett bleiben. 3. Nimm ein Pflaster,
wenn du dich geschnitten hast. Wenn du dich geschnitten
hast, (dann) nimm ein Pflaster. 4. Wenn du nervös bist, (dann)
mach doch einen Spaziergang. Mach doch einen Spaziergang, wenn du nervös bist. 5. Man sollte die wichtigsten
Medikamente mitnehmen, wenn man reist. 6. Man soll sich
entspannen, wenn man Schmerzen hat. Wenn man Schmerzen
hat, soll man sich entspannen. 7. Wenn ich frühstücke, lese
ich immer die Zeitung. Ich lese immer die Zeitung, wenn ich
frühstücke. 8. Max steht sofort auf, wenn der Wecker klingt.
Wenn der Wecker klingt, steht Max sofort auf. 9. Wenn Brigitte
am Wochenende viel Zeit hat, trifft sie Freunde und Bekannte.
Brigitte trifft am Wochenende Freunde und Bekannte, wenn sie
viel Zeit hat. 10. Wenn das Institut sein Sommerfest feiert,
kommen viele Gäste. Viele Gäste kommen, wenn das Institut
sein Sommerfest feiert. 11. Ich lerne sehr schnell, wenn ich
zu Hause alles neu aufschreibe. Wenn ich zu Hause alles neu
aufschreibe, (dann) lerne ich sehr schnell. 12. Herr Probst
bleibt fit, wenn er jeden Tag viermal die Treppe rauf und
runter geht. Wenn Herr Probst jeden Tag die Treppe viermal
rauf und runter geht, bleibt er fit.

Ü19 1. C, 2. B, 3. A, 4. D, 5. B, 6. D, 7. C, 8. D

Ü20 Beispiele:

das Formular ausfüllen	erkältet sein
krank sein / werden	Tropfen nehmen
Fieber haben	gesund werden / sein
einen Termin ausmachen	in der Apotheke Medikamente kaufen
im Bett liegen	Pillen schlucken
Tee trinken	Auskunft geben
zum Arzt gehen	Husten haben

Ü23 c) 1. Nach bestimmtem Artikel: Endung -e oder -en.
2. Nach unbestimmtem Artikel/Possessivartikel: Endung -en
oder -er oder -e oder -es.

Ü24 a) 1. -e, 2. -e, 3. -e, 4. -er, 5. -er, 6. -es, 7. -en, 8. -e, 9. -e;
b) 1. -es, 2. -e, 3. -en, 4. -en, -en.

Ü25 a) 1. -e, 2. -en, 3. -en, 4. -e, 5. -em;
b) 1. -e, 2. -e, 3. -en, 4. -en, 5. -en, 6. -e, 7. -e, 8. -e,
9. rechten, 10. kleine

Ü28 a) 1. Zieger / Sieger, 2. Senker / Zenker, 3. Zempel /
Sempel, 4. Zahlmann / Sahlmann, 5. Sander / Zander

Ü30 a) 1. Kopfweh, 2. Energie / Ernährung, 3. Sein, 4. gefährlich /
krank, 5. Depression / Menschen

Ü31 a) Heute / morgen; so / so.

R3 neuen, jungen, dünnen, dicken, viele, kleinen, roten, runden,
großen, schmalen, abstehenden, kleine, breiten, andere, gutes

Acknowledgments

Seite

4   Fotos: o. T. Scherling; P. Rusch

10   Fotos: l. L. Wertenschlag; r. P. Rusch

19   Veranstaltungskalender: Ausschnitt aus: Essener Tipps. Termine, Pressebüro Norbert Brügger, Essen;
Wörterbuchausschnitte: Taschenwörterbuch Englisch, Langenscheidt 1990

24   Foto: Ivo Zanetti, Genf

29   Foto: M. Müller

30   Foto: André Häfliger; Text: Schweizerische Tageszeitung Blick, 12. 6. 1995

33   Foto: Süddeutscher Verlag, München

37   Foto: M. Müller

44/46   Fotos: H. Wilms

57   Foto: P. Rusch

58   Ü18: nach Günther Beyer, Gedächtnis- und Konzentrationstraining, Econ Verlag 1986, gekürzt und für Deutschlerner bearbeitet

64   Foto: H. Wilms; Weltkarte m. l. aus: Peters Atlas, Arno Peters, Akademische Verlagsanstalt Vaduz; m. r.: Das gelbe Schlafzimmer, Vincent van Gogh, Van Gogh Museum Amsterdam (Vincent van Gogh Foundation)

68   Fotos: H. Wilms

69   Foto o.: H. Wilms; Text und Foto u.: Nordwest-Zeitung, 5. 8. 1993, Oldenburg

71   Foto: H. Wilms

73   Kinderzeichnungen: Lena Cappel

74   Foto: Wefo-Verlag AG, Gümligen/Bern

75   Fotos: Hansueli Trachsel, aus: „Der Himmel ist blau, aber das ist nicht so wichtig", Fischer-Verlag, Münsingen – Bern 1992

80   „Le phoque apprivoisé", Lehmann, „Salle de bain", „La chasse au rat"; Musées de la Ville de Strasbourg, Donation Tomi Ungerer, Photo Luc Bérujeau. finkmatt Impression, La Wantzenau

86   Ernst Jandl, fünfter sein, aus: ders. Gesammelte Werke, © 1985 Hermann Luchterhand Verlag GmbH & Co. KG, Darmstadt und Neuwied. Jetzt: Luchterhand Literaturverlag GmbH, München

Seite

87   Foto: Jens Willebrand, Fachwerkhaus, aus: Schöner Wohnen, 2/94, S. 46, Picture Press Hamburg

88   Foto: H. Wilms

89   Fotos: o. H. Wilms; m. l. Cornelia Gick, Fribourg; m. r. T. Scherling

90   Wetterkarte aus: Landshuter Zeitung, © Verlag der Landshuter Zeitung, Landshut

97   Urs Widmer, aus: Schweizer Geschichten, © 1978 Diogenes Verlag, Zürich (gekürzt)

99   Wettersymbole: Cornelia Gick, Fribourg

100   Karte: © Hallwag AG, Bern – Schweiz

103–104   Fotos: M. Müller

105   Fahrplanauszüge: Deutsche Bahn AG; Fotos: M. Müller

109   Titel/Foto: railtour suisse, Bern

111   Karte: © Hallwag AG, Bern – Schweiz

112   Foto: IFA-Bilderteam/Aberham

113   Fotos: P. Rusch

114   Foto: Frank Müller, Jena

117   Fotos: P. Rusch

119   Franz Hohler, Die feindlichen Schwestern, aus: ders., Der Mann auf der Insel, S. 139, © 1991 Luchterhand Literaturverlag, Hamburg. Jetzt: Luchterhand Literaturverlag GmbH, München; Hans Manz, Ein, kein oder mehrere Geschwister? aus: ders., Mit Wörtern fliegen, 1995 Beltz Verlag, Weinheim und Basel, Programm Beltz & Gelberg, Weinheim

122   Foto: Carsten Schmidt

128   Fotos: T. Scherling

132–133,   Fotos: Ruth Baumer / Günther Holzhey,

134/137   Stuttgart

138–139   T. Scherling

140   Ernst Jandl, lichtung, s. S. 86

141   Abbildungen aus: H. Hoffmann, Hanns Guck-in-die-Luft

146   Halsweh: Similasan AG, Jonen – Schweiz

Alle anderen Abbildungen: Theo Scherling